Fondos No Reclamados: Su Guía Completo para Recuperar lo que le Pertenece

Por David Klein

I0465721

Índice

Aviso Legal y Descargo de Responsabilidad

La información contenida en este libro sobre la recuperación de fondos y propiedades no reclamadas ha sido preparada con el máximo cuidado y diligencia, con el objetivo de proporcionar una guía práctica y comprehensiva para aquellos interesados en el proceso de recuperación de activos no reclamados. Sin embargo, es fundamental comprender que este contenido se proporciona exclusivamente con fines informativos y educativos, y bajo ninguna circunstancia debe interpretarse como asesoramiento legal, financiero o profesional.

El campo de la propiedad no reclamada está sujeto a un marco legal complejo y en constante evolución, con variaciones significativas entre diferentes jurisdicciones. Las leyes, regulaciones y procedimientos descritos en este libro pueden cambiar con el tiempo, y las interpretaciones legales pueden variar según la jurisdicción y las circunstancias específicas de cada caso. Por lo tanto, la información proporcionada debe considerarse como una introducción general al tema y no como una fuente definitiva de orientación legal.

Se recomienda enfáticamente que los lectores consulten con profesionales legales calificados, contadores certificados, o asesores financieros antes de tomar cualquier acción legal o financiera relacionada con la recuperación de propiedad no reclamada. Estos profesionales pueden proporcionar asesoramiento personalizado que tenga en cuenta las circunstancias específicas de cada caso y las leyes aplicables en su jurisdicción particular.

El autor y el editor de esta obra expresamente renuncian a cualquier responsabilidad por acciones tomadas o no tomadas basadas en el contenido de este libro. No se ofrece ninguna garantía, expresa o implícita, sobre la exactitud, integridad, o actualidad de la información contenida en estas páginas. Los ejemplos, casos de estudio y testimonios presentados son ilustrativos y no deben interpretarse como garantías de resultados similares en otros casos.

Los formularios, plantillas y herramientas incluidos en este libro son modelos generales que pueden requerir modificaciones significativas para cumplir con los requisitos específicos de cada jurisdicción y situación particular. Se recomienda verificar todos los requisitos actuales con las autoridades pertinentes antes de utilizar cualquier documento o seguir cualquier procedimiento descrito en este libro.

Es importante señalar que la recuperación de propiedad no reclamada puede involucrar consideraciones legales y fiscales complejas que van más allá del alcance de esta obra. Las decisiones tomadas en el proceso de recuperación pueden tener implicaciones significativas en términos de impuestos, responsabilidad legal y otros aspectos financieros. Por lo tanto, es crucial obtener asesoramiento profesional adecuado antes de proceder con cualquier reclamación.

Los enlaces, referencias y recursos citados en este libro se proporcionan únicamente como cortesía informativa. El autor y el editor no tienen control sobre el contenido de estos recursos externos y no asumen responsabilidad por su exactitud, legalidad o contenido. La inclusión de cualquier referencia no implica respaldo o recomendación.

Al utilizar la información contenida en este libro, el lector acepta que ni el autor, ni el editor, ni los distribuidores serán responsables por cualquier pérdida, daño o perjuicio que pueda resultar del uso o la imposibilidad de usar la información proporcionada. Este descargo de responsabilidad se aplica a cualquier reclamación, demanda o acción legal, ya sea por incumplimiento de contrato, agravio o cualquier otra base legal.

Se recomienda a los lectores mantenerse informados sobre cambios en las leyes y regulaciones que puedan afectar el proceso de recuperación de propiedad no reclamada. Las oficinas estatales de propiedad no reclamada y los recursos gubernamentales oficiales deben considerarse como las fuentes definitivas de información actualizada sobre requisitos y procedimientos específicos.

Este aviso legal constituye una parte integral de la obra y debe leerse y considerarse cuidadosamente antes de utilizar cualquier información contenida en este libro. La continuación en la lectura y uso de este material implica la aceptación de estos términos y condiciones.

Prólogo: El Tesoro Oculto de los Fondos No Reclamados

En el vasto paisaje financiero de los Estados Unidos, existe un fenómeno extraordinario que pocos comprenden en su totalidad: más de $70 mil millones en propiedades y fondos no reclamados esperan actualmente a sus legítimos dueños. Este no es un simple conjunto de cuentas bancarias olvidadas o cheques no cobrados; representa una intrincada red de activos financieros que abarca desde acciones corporativas de alto valor hasta contenidos de cajas de seguridad que podrían albergar verdaderos tesoros familiares.

Imaginen por un momento que están caminando por una calle donde, enterrados bajo cada baldosa, podrían existir recursos financieros que legítimamente les pertenecen. Esta metáfora no está tan alejada de la realidad. En mi experiencia de más de dos décadas ayudando a personas y empresas a recuperar propiedades no reclamadas, he sido testigo de descubrimientos verdaderamente asombrosos. Familias que han encontrado pólizas de seguro de vida olvidadas por valor de cientos de miles de dólares; empresarios que han recuperado acciones de compañías que se han multiplicado exponencialmente en valor; herederos que han descubierto propiedades inmobiliarias de las que no tenían conocimiento.

Un caso particularmente memorable involucró a una modesta familia de Sacramento que, durante una búsqueda rutinaria, descubrió que era propietaria de acciones no reclamadas de una empresa tecnológica que se remontaban a la década de 1980. Estas acciones, compradas por el abuelo por apenas $5,000, habían crecido hasta valer más de $800,000 gracias a divisiones de acciones y el crecimiento exponencial de la empresa. El abuelo, un conserje de profesión, había hecho esta inversión única y la había olvidado completamente, dejando sin saberlo un legado transformador para sus nietos.

En otro caso fascinante, una investigación de fondos no reclamados llevó al descubrimiento de una colección de monedas raras en una caja de seguridad bancaria olvidada. La colección, acumulada por un tío fallecido hace tiempo, incluía piezas numismáticas de significativo valor histórico y financiero, valoradas colectivamente en más de $235,000. Este hallazgo no solo proporcionó un beneficio financiero inesperado a la familia, sino que también ayudó a preservar un importante patrimonio numismático.

Las oportunidades no se limitan a individuos y familias. Las empresas también pueden beneficiarse significativamente de la búsqueda de propiedades no reclamadas. Recientemente, una pequeña empresa manufacturera de Michigan descubrió que tenía derecho a más de $150,000 en reembolsos de impuestos estatales y pagos de proveedores no reclamados. Este descubrimiento llegó en un momento crítico para la empresa, proporcionando el capital necesario para una expansión crucial.

Los fondos no reclamados pueden aparecer en las formas más inesperadas. Desde regalías por patentes olvidadas hasta beneficios de pensiones no distribuidos, el espectro de posibles descubrimientos es verdaderamente notable. He visto casos donde artistas han recuperado regalías musicales acumuladas durante décadas, y otros donde empleados corporativos han encontrado opciones sobre acciones que se habían perdido en las complejidades de fusiones y adquisiciones corporativas.

Lo que hace que esta búsqueda sea particularmente emocionante es que los fondos no reclamados no discriminan por estatus socioeconómico o ubicación geográfica. He ayudado a residentes de pequeños pueblos rurales a recuperar herencias sustanciales y a sofisticados inversores urbanos a descubrir activos financieros olvidados. Cada búsqueda es una aventura única, con el potencial de revelar recursos significativos que pueden cambiar vidas.

Este libro no es simplemente una guía práctica; es una invitación a embarcarse en una exploración financiera que podría revelar recursos que ni siquiera sabía que existían. A través de estas páginas, compartiré las estrategias, técnicas y conocimientos que he acumulado a lo largo de años ayudando a otros a navegar el complejo mundo de la propiedad no reclamada.

La clave para el éxito en esta búsqueda es la combinación de diligencia, paciencia y conocimiento técnico. No todas las búsquedas resultarán en descubrimientos significativos, pero la posibilidad de encontrar recursos sustanciales hace que el esfuerzo valga la pena. Como verá en las páginas siguientes, el proceso de búsqueda y recuperación de propiedad no reclamada es tanto un arte como una ciencia, requiriendo una comprensión profunda de los sistemas estatales, procedimientos legales y estrategias de investigación.

Le invito a embarcarse en este viaje de descubrimiento financiero. Quién sabe qué tesoros ocultos podrían estar esperando ser encontrados, listos para proporcionar recursos inesperados que podrían hacer una diferencia significativa en su vida o en la de su familia. Las páginas que siguen le proporcionarán las herramientas y el conocimiento necesarios para comenzar esta emocionante búsqueda.

Sección I: Fundamentos de los Fondos No Reclamados

Introducción al Concepto de Propiedad No Reclamada

En el bullicioso mundo financiero actual, resulta sorprendente descubrir que miles de millones de dólares permanecen en espera de ser reclamados por sus legítimos dueños. La propiedad no reclamada, un concepto que tiene sus raíces en la antigua doctrina legal inglesa de "bona vacantia" (bienes sin dueño), representa hoy en día una realidad financiera que afecta a millones de personas, muchas de las cuales desconocen que tienen dinero o bienes esperando ser recuperados.

Cada año, las instituciones financieras, empresas y organizaciones de todo tipo se encuentran en posesión de activos cuyos propietarios han perdido contacto con ellos. Estos activos, que van desde simples cuentas bancarias hasta complejas inversiones financieras, deben ser transferidos a la custodia del estado correspondiente después de un período específico de inactividad, conocido como "período de dormancia". Este período varía según el estado y el tipo de propiedad, pero generalmente oscila entre uno y cinco años.

La transferencia de estos activos al estado no constituye una confiscación; por el contrario, representa un sistema de protección diseñado para salvaguardar los intereses de los propietarios legítimos. Los estados actúan como custodios fiduciarios, manteniendo estos activos a perpetuidad hasta que sean reclamados por sus dueños o herederos legítimos. Este sistema no solo protege los derechos de propiedad individuales, sino que también previene el uso indebido de estos recursos por parte de las instituciones privadas.

Tipos de Propiedades y Fondos No Reclamados

Cuentas Bancarias Inactivas

Las cuentas bancarias inactivas representan uno de los tipos más comunes de propiedad no reclamada en los Estados Unidos. Una cuenta se considera inactiva cuando no ha experimentado ninguna actividad iniciada por el cliente durante un período prolongado. Es crucial entender que las transacciones automatizadas, como los depósitos directos o los débitos automáticos, no se consideran actividad del cliente para estos propósitos.

El proceso de dormancia comienza cuando el banco no puede establecer contacto con el titular de la cuenta a través de los medios habituales. Típicamente, los bancos intentarán comunicarse con el cliente mediante correo postal, correo electrónico y llamadas telefónicas antes de declarar una cuenta como inactiva. Una vez que una cuenta se clasifica como inactiva, el banco está obligado por ley a realizar intentos adicionales de contacto antes de transferir los fondos al estado.

El período de dormancia varía significativamente según el estado, pero generalmente sigue este patrón: - Cuentas de ahorro y corrientes: 3-5 años - Certificados de depósito: 3-5 años después del vencimiento - Cuentas de jubilación IRA: 3-5 años después de la fecha requerida de distribución mínima - Cajas de seguridad: 3-5 años después del último acceso o pago de alquiler

Cheques de Nómina No Cobrados

Los cheques de nómina no cobrados constituyen una fuente significativa de fondos no reclamados, particularmente en estados con gran población trabajadora. Estos instrumentos financieros incluyen no solo los cheques regulares de pago, sino también bonificaciones, comisiones, reembolsos de gastos y pagos finales tras la terminación del empleo.

El proceso que convierte un cheque de nómina en propiedad no reclamada comienza generalmente después de un año de su emisión. Las empresas están obligadas a mantener registros detallados de los cheques no cobrados y realizar esfuerzos razonables para contactar a los empleados antes de transferir los fondos al estado. Esta situación ocurre con frecuencia cuando: - Los empleados cambian de dirección sin notificar a su empleador anterior - Los cheques se pierden en el correo - Los empleados fallecen sin que sus beneficiarios conozcan la existencia del pago pendiente - Los trabajadores temporales o estacionales se mudan sin dejar información de contacto actualizada.

Depósitos de Servicios Públicos

Los depósitos de servicios públicos se convierten en propiedad no reclamada con una frecuencia sorprendente, principalmente debido a la naturaleza móvil de nuestra sociedad. Cuando los clientes establecen servicios como electricidad, gas, agua, o telecomunicaciones, frecuentemente deben realizar un depósito de garantía. Estos depósitos, que pueden variar desde $50 hasta varios cientos de dólares, deben ser devueltos cuando el servicio se termina y todas las facturas han sido pagadas.

Sin embargo, muchos consumidores: - Se mudan sin proporcionar una dirección de reenvío - Olvidan solicitar la devolución del depósito - No reciben el cheque de reembolso debido a problemas de correo - Fallecen sin que sus herederos conozcan la existencia del depósito

Las compañías de servicios públicos están obligadas a mantener estos fondos en custodia durante un período específico (generalmente 1-2 años) antes de transferirlos al estado como propiedad no reclamada.

Contenido de Cajas de Seguridad

Las cajas de seguridad bancarias presentan un caso único en el ámbito de la propiedad no reclamada, ya que pueden contener tanto elementos tangibles como documentos de valor significativo. El contenido de estas cajas se considera no reclamado cuando: - El alquiler no se ha pagado durante un período prolongado (generalmente 3-5 años) - El banco no puede contactar al titular de la caja - No ha habido acceso a la caja durante el período de dormancia establecido - El titular ha fallecido y los herederos desconocen la existencia de la caja

Antes de declarar el contenido como no reclamado, los bancos deben seguir un protocolo estricto que incluye: 1. Múltiples intentos de contacto con el titular 2. Notificaciones formales por correo certificado 3. Anuncios públicos en algunos casos 4. Documentación fotográfica del contenido 5. Inventario detallado ante testigos

Herencias No Reclamadas

Las herencias no reclamadas representan uno de los casos más complejos en el ámbito de la propiedad no reclamada. Estas situaciones surgen cuando una persona fallece y sus bienes no pueden ser distribuidos adecuadamente debido a diversos factores. Los casos típicos incluyen situaciones donde:

- Los herederos nombrados en el testamento no pueden ser localizados
- No existe un testamento válido y los herederos legales son desconocidos
- Los beneficiarios designados han fallecido sin designar beneficiarios secundarios
- Existen disputas legales sin resolver sobre la distribución de los bienes
- La documentación necesaria para probar el parentesco está incompleta o es inaccesible

Las herencias no reclamadas pueden incluir una amplia gama de activos: - Propiedades inmobiliarias - Cuentas bancarias y de inversión - Objetos personales de valor - Derechos de autor y patentes - Participaciones en negocios - Derechos minerales o de recursos naturales

Pólizas de Seguro

Las pólizas de seguro no reclamadas constituyen una parte significativa de los activos no reclamados en los Estados Unidos, con miles de millones de dólares en beneficios pendientes de pago. Esta situación ocurre principalmente con pólizas de seguro de vida, aunque también puede afectar a otros tipos de seguros.

Las razones más comunes por las que las pólizas de seguro permanecen sin reclamar incluyen: - Los beneficiarios desconocen la existencia de la póliza - La compañía de seguros no puede localizar a los beneficiarios - La documentación necesaria para el reclamo está incompleta - Los beneficiarios fallecen antes de reclamar los beneficios - Las pólizas se compran en un estado diferente al de residencia del asegurado

Las aseguradoras están obligadas a realizar esfuerzos diligentes para localizar a los beneficiarios, incluyendo: - Consultas en bases de datos de fallecimientos - Búsquedas en registros públicos - Contratación de servicios de localización - Publicación de avisos en medios apropiados

Acciones y Dividendos

El mundo de las inversiones genera una cantidad significativa de propiedad no reclamada a través de acciones, dividendos y otros instrumentos financieros relacionados. Esta categoría es particularmente compleja debido a la naturaleza dinámica del mercado de valores y las frecuentes reorganizaciones corporativas.

Los activos de inversión pueden volverse no reclamados cuando: - Los accionistas no responden a comunicaciones corporativas importantes - Las direcciones registradas están desactualizadas - Los dividendos o cheques de distribución no se cobran - Las fusiones o adquisiciones resultan en nuevas acciones no reclamadas - Los titulares fallecen sin que sus herederos conozcan las inversiones

Las situaciones más comunes incluyen: - Dividendos no cobrados - Acciones de empresas que se han fusionado o reorganizado - Distribuciones de ganancias de capital - Pagos de liquidación - Reembolsos de bonos vencidos

Es importante destacar que las empresas y los agentes de transferencia están obligados a mantener registros detallados y realizar múltiples intentos de contacto antes de declarar estos activos como no reclamados. Sin embargo, la complejidad del mercado de valores y las frecuentes reorganizaciones corporativas pueden hacer que el seguimiento de estos activos sea particularmente desafiante para los propietarios.

Sección II: Marco Legal y Normativo

Leyes de Custodia No Reclamada

El marco legal que gobierna la propiedad no reclamada en los Estados Unidos representa una compleja red de legislaciones estatales y federales que han evolucionado significativamente desde principios del siglo XX. La piedra angular de este sistema legal moderno se estableció en 1954, cuando la Corte Suprema de los Estados Unidos, en el caso Standard Oil Co. v. New Jersey, confirmó el derecho de los estados para tomar custodia de propiedades abandonadas o no reclamadas.

La mayoría de los estados han adoptado versiones modificadas de la Ley Uniforme de Propiedad No Reclamada (Uniform Unclaimed Property Act, UUPA), que ha pasado por varias revisiones importantes desde su primera publicación en 1954. Las versiones más significativas incluyen las de 1981, 1995 y 2016, cada una adaptándose a los cambios en el panorama financiero y tecnológico de su época.

La UUPA establece principios fundamentales que incluyen: - La doctrina de primera prioridad (first priority rule), que determina qué estado tiene derecho a reclamar la custodia cuando múltiples jurisdicciones están involucradas - Los requisitos de debido proceso para la notificación a los propietarios - Las obligaciones de las empresas en el reporte y transferencia de propiedades no reclamadas - Los procedimientos para la custodia estatal y la devolución de propiedades

Sin embargo, es crucial entender que cada estado ha modificado estos principios básicos para adaptarlos a sus necesidades específicas, creando un mosaico de regulaciones que pueden variar significativamente de un estado a otro.

Plazos de Dormancia por Estado

Los plazos de dormancia constituyen uno de los aspectos más variables y cruciales en la legislación de propiedad no reclamada. Estos períodos, que determinan cuándo una propiedad se considera legalmente "no reclamada", pueden variar dramáticamente no solo entre estados sino también entre diferentes tipos de propiedad dentro del mismo estado.

Variaciones Regionales Significativas

En la región noreste: - Nueva York mantiene un período de tres años para la mayoría de las propiedades financieras - Massachusetts aplica un período de tres años para cuentas bancarias pero cinco para contenido de cajas de seguridad - Connecticut requiere solo un año para cheques de nómina no cobrados

En los estados del oeste: - California implementa un período de tres años para la mayoría de las propiedades - Washington estado mantiene un período de tres años para cuentas bancarias - Oregon aplica períodos variables según el tipo de propiedad

En el medio oeste: - Illinois mantiene un período de cinco años para la mayoría de las propiedades - Michigan aplica un período de tres años para cuentas bancarias - Wisconsin requiere cinco años para la mayoría de las propiedades financieras

Consideraciones Específicas por Tipo de Propiedad

Los plazos típicos por tipo de propiedad suelen seguir estos patrones: - Cuentas bancarias: 3-5 años - Cheques de nómina: 1-3 años - Contenido de cajas de seguridad: 3-7 años - Dividendos de acciones: 3-5 años - Reembolsos de servicios públicos: 1-2 años

Derechos y Responsabilidades del Reclamante

Los derechos de los propietarios legítimos de propiedad no reclamada están protegidos tanto por las constituciones estatales como por leyes específicas de propiedad no reclamada. Estos derechos son perpetuos en la mayoría de los estados, lo que significa que no hay un plazo de prescripción para reclamar la propiedad una vez que está bajo custodia estatal.

Derechos Fundamentales del Reclamante

1. Derecho a la Notificación Los estados están obligados a realizar esfuerzos razonables para notificar a los propietarios sobre la existencia de propiedad no reclamada. Esto típicamente incluye:

- Publicación en periódicos locales
- Mantenimiento de bases de datos en línea
- Envío de notificaciones por correo cuando se dispone de direcciones actualizadas
- Participación en bases de datos nacionales de búsqueda

2. Derecho a la Recuperación Sin Costo Los propietarios tienen derecho a recuperar su propiedad sin pagar tarifas al estado, aunque pueden aplicarse costos razonables de mantenimiento o almacenamiento en algunos casos.

3. Derecho a la Documentación Clara Los estados deben proporcionar:

- Instrucciones claras sobre el proceso de reclamación
- Formularios estandarizados
- Listados específicos de la documentación requerida
- Información sobre el proceso de apelación

Responsabilidades del Reclamante

1. Verificación de Identidad El reclamante debe:
- Proporcionar identificación gubernamental válida
- Demostrar conexión con la dirección asociada a la propiedad
- Establecer derecho legal a la propiedad
2. Documentación Apropiada Se requiere presentar:
- Prueba de propiedad o derecho a heredar
- Documentación de respaldo relevante
- Formularios completados correctamente
- Certificaciones notariales cuando sea necesario
3. Cooperación en el Proceso Los reclamantes deben:
- Responder oportunamente a solicitudes de información adicional
- Proporcionar documentación actualizada cuando sea necesario
- Seguir los procedimientos establecidos por el estado

Función de las Oficinas Estatales del Contralor

Las Oficinas Estatales del Contralor desempeñan un papel fundamental como custodios y administradores de la propiedad no reclamada, actuando como fideicomisarios en beneficio de los propietarios legítimos.

Responsabilidades Principales

1. Custodia y Administración Las oficinas del Contralor:
- Mantienen registros detallados de todas las propiedades bajo su custodia
- Administran los fondos de manera prudente
- Preservan el valor de los activos cuando es posible
- Mantienen la seguridad de los bienes tangibles
2. Divulgación y Búsqueda Son responsables de:
- Mantener bases de datos públicas actualizadas
- Implementar sistemas de búsqueda eficientes
- Participar en esfuerzos nacionales de coordinación
- Realizar campañas de concientización pública
3. Procesamiento de Reclamaciones Las oficinas deben:
- Revisar y verificar reclamaciones de manera oportuna
- Mantener procedimientos de verificación rigurosos
- Procesar pagos de manera eficiente
- Proporcionar servicios de atención al cliente

Innovaciones y Mejoras Continuas

Las oficinas del Contralor continuamente: - Actualizan sus sistemas tecnológicos - Mejoran los procesos de búsqueda en línea - Implementan medidas de seguridad mejoradas - Desarrollan nuevas estrategias de divulgación

Coordinación Interestatal

Las oficinas participan en: - Redes nacionales de propiedad no reclamada - Sistemas de búsqueda unificados - Iniciativas de estandarización de procesos - Compartición de mejores prácticas

Auditoría y Cumplimiento

Las oficinas también: - Realizan auditorías de tenedores de propiedad - Aseguran el cumplimiento de las leyes estatales - Investigan casos de incumplimiento - Imponen multas y sanciones cuando es necesario

Sección III: Proceso de Búsqueda

Herramientas de Búsqueda en Línea por Estado

En la era digital actual, cada estado de la unión americana ha desarrollado sofisticadas herramientas en línea para facilitar la búsqueda de propiedades no reclamadas. Estas plataformas representan la primera línea de investigación para cualquier persona que busque recuperar fondos o bienes que legítimamente les pertenecen. Sin embargo, es importante comprender que cada sistema estatal tiene sus propias peculiaridades y características únicas que pueden afectar significativamente el éxito de su búsqueda.

Por ejemplo, el sistema de California, administrado por el Contralor del Estado, ofrece una de las interfaces más intuitivas y completas del país. Su plataforma permite realizar búsquedas no solo por nombre y dirección, sino también por número de Seguro Social parcial y nombre de empresa. En contraste, el sistema de Nueva York se destaca por su capacidad de búsqueda histórica, permitiendo investigar registros que se remontan a varias décadas atrás, aunque su interfaz puede resultar más desafiante para usuarios novatos.

Texas ha implementado un sistema particularmente innovador que incluye una función de "búsqueda fonética", especialmente útil para nombres hispanos que pueden tener múltiples variaciones de escritura. Esta característica ha demostrado ser excepcionalmente efectiva en un estado con una significativa población hispanohablante.

Florida, por su parte, ha desarrollado una plataforma que se actualiza diariamente, en contraste con muchos otros estados que actualizan sus bases de datos semanal o mensualmente. Esta frecuencia de actualización puede ser crucial para quienes buscan propiedades recientemente transferidas al estado.

Estrategias para Búsquedas Efectivas

La búsqueda efectiva de propiedades no reclamadas requiere un enfoque metódico y sistemático que va mucho más allá de simplemente introducir un nombre en un motor de búsqueda. El éxito en la recuperación de fondos o bienes no reclamados depende en gran medida de la comprensión y aplicación de estrategias sofisticadas de búsqueda que consideren las múltiples formas en que la información puede haber sido registrada originalmente.

Variaciones de Nombres

La complejidad de los nombres y sus variaciones representa uno de los desafíos más significativos en la búsqueda de propiedades no reclamadas. Los sistemas de registro históricos no siempre han sido consistentes en la forma de registrar los nombres, y los errores humanos en la entrada de datos han sido una realidad constante a lo largo de los años.

Por ejemplo, considere el caso de José Martínez-Rodríguez. Este nombre podría aparecer en los registros de múltiples formas: Jose Martinez-Rodriguez, Jose Martinez Rodriguez, J. Martinez-Rodriguez, José Martinez R., o incluso con errores tipográficos como José Martines-Rodriguez. Cada variación debe ser investigada sistemáticamente. Los nombres compuestos presentan desafíos particulares, especialmente cuando incluyen caracteres especiales como tildes o guiones, que los sistemas más antiguos podrían no haber registrado correctamente.

Es fundamental realizar búsquedas utilizando todas las posibles variaciones de escritura y puntuación. Incluso los espacios pueden ser significativos: "DeLaCruz" podría aparecer como "De La Cruz" o "de la Cruz". La omisión de una sola variación podría resultar en fondos no descubiertos.

Direcciones Anteriores

La movilidad de la sociedad moderna ha convertido las direcciones anteriores en un aspecto crucial de la búsqueda de propiedades no reclamadas. Cada dirección donde una persona ha residido representa una potencial fuente de fondos o bienes no reclamados. La investigación efectiva requiere una reconstrucción meticulosa del historial de residencias.

Es esencial considerar no solo las direcciones residenciales principales, sino también direcciones temporales, como dormitorios universitarios, apartados postales, y direcciones de trabajo. Cada ubicación donde se haya recibido correo o establecido servicios públicos podría estar asociada con propiedad no reclamada.

La búsqueda por direcciones debe considerar también las diferentes formas en que una dirección puede ser registrada. Por ejemplo, "123 Main Street, Apartment 4B" podría aparecer como "123 Main St. #4B", "123 Main Street Apt. 4B", o simplemente "123 Main St. 4B". Los sistemas más antiguos podrían haber truncado direcciones largas, omitiendo información crucial.

Nombres de Soltera

La búsqueda de propiedades bajo nombres de soltera representa un capítulo particularmente importante en el proceso de investigación, especialmente considerando que históricamente, muchas mujeres han experimentado cambios en sus apellidos debido al matrimonio, divorcio, o preferencias personales.

Esta búsqueda debe extenderse más allá del simple apellido de soltera para incluir combinaciones que podrían haber sido utilizadas durante períodos de transición. Por ejemplo, una mujer que originalmente se llamaba María González, al casarse con Juan Pérez, podría aparecer en los registros como María González de Pérez, María G. de Pérez, María González-Pérez, o simplemente María Pérez.

Es particularmente importante considerar períodos de transición donde ambos nombres podrían haber estado en uso simultáneamente, especialmente en documentos financieros o legales establecidos durante el proceso de cambio de nombre.

Negocios Cerrados

La búsqueda de propiedades no reclamadas relacionadas con negocios cerrados presenta desafíos únicos que requieren un enfoque especializado. Los negocios que han cesado operaciones pueden tener activos no reclamados en múltiples formas: desde depósitos de servicios públicos hasta reembolsos de impuestos, pagos de proveedores no cobrados, o incluso fondos de cuentas por cobrar.

Es crucial buscar bajo todas las denominaciones legales que el negocio haya utilizado, incluyendo nombres comerciales ("doing business as" o DBA), variaciones corporativas (Inc., LLC, Corp.), y cualquier nombre anterior de la empresa. Los negocios que han pasado por fusiones, adquisiciones o reorganizaciones pueden tener activos registrados bajo múltiples entidades legales.

Búsqueda en Múltiples Estados

La naturaleza móvil de la sociedad estadounidense moderna hace que la búsqueda en múltiples estados sea no solo recomendable sino frecuentemente esencial. Una persona que ha vivido o trabajado en varios estados a lo largo de su vida puede tener propiedades no reclamadas dispersas por diferentes jurisdicciones.

La búsqueda multiestatal requiere una comprensión de cómo las diferentes regulaciones estatales pueden afectar dónde se registra y mantiene la propiedad no reclamada. Por ejemplo, algunos estados reclaman la custodia de propiedad no reclamada basándose en la última dirección conocida del propietario, mientras que otros lo hacen basándose en la ubicación de la institución financiera o empresa que originalmente tenía la propiedad.

Este proceso debe ser sistemático y metódicamente documentado. Es aconsejable crear un registro detallado de qué estados han sido investigados, qué variaciones de nombre y dirección se han utilizado en cada búsqueda, y qué resultados se han obtenido. Esta documentación no solo ayuda a evitar duplicación de esfuerzos, sino que también puede ser crucial si se necesita demostrar la diligencia en la búsqueda.

Bases de Datos Nacionales

Las bases de datos nacionales han emergido como herramientas fundamentales en la búsqueda de propiedades no reclamadas, ofreciendo una ventana única a registros de múltiples jurisdicciones. La National Association of Unclaimed Property Administrators (NAUPA) mantiene MissingMoney.com, una de las bases de datos más comprensivas, que integra información de la mayoría de los estados participantes.

Sin embargo, es importante entender que ninguna base de datos nacional es verdaderamente exhaustiva. Algunos estados optan por no participar en estos sistemas unificados, prefiriendo mantener sus propias bases de datos independientes. Además, las actualizaciones a estas bases de datos nacionales pueden no ser tan frecuentes como las de los sistemas estatales individuales.

Las bases de datos nacionales deben verse como un punto de partida útil, pero no como un reemplazo de las búsquedas estatales individuales. La estrategia más efectiva combina el uso de recursos nacionales con búsquedas específicas en las bases de datos estatales, especialmente para estados donde se sabe que el propietario ha tenido conexiones significativas.

Es particularmente importante comprender que las bases de datos nacionales pueden tener limitaciones en cuanto a la información que muestran y cómo manejan las variaciones de nombres o direcciones. Por lo tanto, una búsqueda que no produce resultados en una base de datos nacional no debe considerarse definitiva sin verificar también las bases de datos estatales individuales.

Sección IV: Proceso de Reclamación

Documentación Necesaria

El proceso de reclamación de fondos o propiedades no reclamadas representa un ejercicio meticuloso que requiere una preparación cuidadosa y una atención excepcional al detalle. La documentación apropiada constituye el fundamento sobre el cual se construye una reclamación exitosa. Los estados han establecido requisitos rigurosos de documentación como medida de protección tanto para los propietarios legítimos como para el sistema en sí mismo.

Identificación Válida

La verificación de identidad representa el primer y más fundamental paso en el proceso de reclamación. En un mundo donde el robo de identidad se ha vuelto cada vez más sofisticado, las oficinas estatales han desarrollado protocolos exhaustivos para verificar la identidad de los reclamantes. La identificación válida no se limita simplemente a presentar un documento oficial; implica establecer una cadena clara de evidencia que conecte al reclamante con la propiedad en cuestión.

Las oficinas estatales típicamente requieren una identificación primaria emitida por el gobierno que debe estar vigente y no caducada. Sin embargo, el verdadero desafío radica en los casos donde la identificación actual no coincide exactamente con la información registrada en la propiedad no reclamada. Por ejemplo, una mujer que ha cambiado su apellido debido al matrimonio necesitará proporcionar no solo su identificación actual, sino también documentación que establezca la conexión legal entre su nombre anterior y el actual.

Los documentos de identificación deben incluir una fotografía clara y legible, así como información biográfica que coincida con los registros de la propiedad no reclamada. En casos donde existen discrepancias menores, como errores tipográficos o variaciones en la ortografía, los reclamantes deben estar preparados para proporcionar documentación adicional que explique y valide estas diferencias.

Prueba de Residencia

La prueba de residencia va más allá de simplemente demostrar dónde vive actualmente el reclamante; requiere establecer una conexión histórica con las direcciones asociadas a la propiedad no reclamada. Este aspecto del proceso de documentación puede resultar particularmente desafiante para personas que han cambiado de residencia frecuentemente o para aquellos que intentan reclamar propiedad de familiares fallecidos.

La documentación de residencia debe crear una narrativa coherente que conecte al reclamante con la dirección asociada a la propiedad no reclamada durante el período relevante. Esto puede requerir la recopilación de documentos históricos como contratos de arrendamiento antiguos, facturas de servicios públicos, declaraciones de impuestos, o registros de empleo que demuestren la conexión del reclamante con una dirección específica durante un período determinado.

En situaciones donde la dirección registrada contiene errores o está incompleta, los reclamantes deben estar preparados para proporcionar documentación adicional que demuestre cómo y por qué la dirección puede haber sido registrada incorrectamente. Esto puede incluir correspondencia antigua, directorios telefónicos históricos, o registros escolares que ayuden a establecer la conexión entre el reclamante y la dirección en cuestión.

Documentos de Sucesión

La reclamación de propiedad no reclamada perteneciente a personas fallecidas representa uno de los escenarios más complejos en términos de documentación requerida. Los documentos de sucesión deben establecer no solo la identidad del propietario original y su fallecimiento, sino también el derecho legal del reclamante para actuar en nombre del patrimonio del fallecido.

El proceso comienza con la obtención de una copia certificada del certificado de defunción del propietario original. Sin embargo, esto es solo el primer paso en lo que puede convertirse en una compleja cadena de documentación. Los reclamantes deben establecer su derecho legal a la propiedad a través de uno o más de los siguientes medios:

En el caso de existir un testamento, se requiere una copia certificada del testamento junto con los documentos de la corte que demuestren su validación. Si el fallecido murió intestado (sin testamento), los reclamantes deben proporcionar documentación que establezca su relación con el fallecido y su derecho a heredar según las leyes de sucesión intestada del estado correspondiente.

La documentación de parentesco puede requerir múltiples certificados de nacimiento, matrimonio, y defunción para establecer la línea de sucesión. En casos que involucran múltiples herederos, puede ser necesario obtener renuncias o cesiones de derechos de otros herederos potenciales.

Registros Comerciales

Para reclamaciones relacionadas con negocios, la complejidad de la documentación aumenta significativamente. Los registros comerciales deben establecer no solo la existencia y propiedad del negocio durante el período relevante, sino también la autoridad del reclamante para actuar en nombre de la entidad comercial.

La documentación típicamente requerida incluye artículos de incorporación, certificados de buena reputación, actas de reuniones corporativas, y resoluciones de la junta directiva. En casos de negocios cerrados o disueltos, se necesitan documentos adicionales que demuestren la disposición legal de los activos del negocio y la autoridad continuada para reclamar propiedad en nombre de la entidad disuelta.

Completando Formularios de Reclamación

El proceso de completar los formularios de reclamación requiere una precisión meticulosa y una atención al detalle que puede parecer excesiva a primera vista, pero que es crucial para el éxito de la reclamación. Cada campo en el formulario debe ser completado con exactitud, ya que incluso errores menores pueden resultar en retrasos significativos o en el rechazo de la reclamación.

Los formularios de reclamación están diseñados para capturar toda la información necesaria para verificar la legitimidad de la reclamación y establecer la conexión entre el reclamante y la propiedad. Es esencial comprender que estos formularios son documentos legales, y las declaraciones falsas o engañosas pueden tener consecuencias legales graves.

La información debe ser proporcionada exactamente como aparece en los documentos de respaldo, incluso si esto significa incluir errores históricos conocidos. Cualquier discrepancia entre la información en el formulario y la documentación de respaldo debe ser explicada en detalle en un documento adjunto.

Certificación Notarial

La certificación notarial añade una capa adicional de seguridad y autenticación al proceso de reclamación. El notario público actúa como un testigo imparcial, verificando la identidad del reclamante y certificando que los documentos fueron firmados voluntariamente y con comprensión de su contenido.

La importancia de la certificación notarial apropiada no puede ser subestimada. Los errores en la notarización, como sellos expirados o información incompleta, pueden invalidar todo el proceso de reclamación. Es crucial asegurarse de que el notario complete todas las secciones requeridas del formulario y que su sello o estampa sea claramente legible.

Los reclamantes deben estar preparados para presentar identificación válida al notario y firmar los documentos en su presencia. En algunos casos, pueden ser requeridos múltiples testigos además de la certificación notarial, especialmente para reclamaciones de alto valor o aquellas que involucran herencias complejas.

Plazos de Procesamiento

Los plazos de procesamiento para reclamaciones de propiedad no reclamada pueden variar significativamente dependiendo de varios factores, incluyendo el estado donde se presenta la reclamación, la complejidad del caso, y la completitud de la documentación proporcionada.

El proceso típico puede dividirse en varias etapas, cada una con sus propios plazos aproximados:

La revisión inicial de la reclamación generalmente ocurre dentro de las primeras semanas después de la presentación. Durante esta fase, el personal de la oficina estatal verifica que todos los documentos requeridos hayan sido proporcionados y que los formularios estén completos correctamente.

La verificación detallada de la documentación puede tomar varios meses, especialmente en casos que involucran múltiples herederos o documentación compleja. Durante este período, la oficina estatal puede solicitar documentación adicional o aclaraciones sobre la información proporcionada.

Una vez que toda la documentación ha sido verificada y aprobada, el proceso de pago o transferencia de la propiedad puede tomar varias semanas adicionales. Los estados tienen diferentes procedimientos para el desembolso de fondos o la transferencia de propiedad, y estos procedimientos pueden verse afectados por ciclos presupuestarios o requisitos administrativos específicos.

Es importante mantener un registro detallado de todas las comunicaciones con la oficina estatal y responder prontamente a cualquier solicitud de información adicional. Los retrasos en proporcionar la información requerida pueden resultar en la suspensión o el cierre de la reclamación, requiriendo que todo el proceso comience nuevamente.

Sección V: Casos Especiales

Reclamaciones para Personas Fallecidas

La recuperación de propiedades no reclamadas pertenecientes a personas fallecidas representa uno de los escenarios más complejos y emocionalmente desafiantes en el ámbito de las reclamaciones. Este proceso no solo requiere navegar por un laberinto de requisitos legales y documentales, sino que también implica manejar sensibilidades familiares y expectativas frecuentemente divergentes entre los herederos potenciales.

El primer desafío significativo en estas reclamaciones surge de la necesidad de establecer una cadena clara de sucesión legal. Los documentos fundamentales, como el certificado de defunción y el testamento (si existe), son solo el punto de partida. En muchos casos, la propiedad no reclamada puede haber estado dormante durante años o incluso décadas antes del fallecimiento del propietario original, lo que complica aún más el proceso de verificación y documentación.

Las complicaciones aumentan significativamente cuando el fallecimiento ocurrió en un estado diferente al de la propiedad no reclamada, o cuando el propietario falleció en el extranjero. En estos casos, puede ser necesario navegar por múltiples jurisdicciones legales y obtener documentos internacionales que requieren traducciones certificadas y autenticaciones especiales.

La situación se vuelve particularmente delicada cuando existen múltiples reclamaciones competitivas de diferentes miembros de la familia, cada uno alegando tener derecho a la propiedad. En estos casos, las oficinas estatales pueden requerir documentación adicional, como árboles genealógicos detallados, declaraciones juradas de herederos, y en algunos casos, órdenes judiciales que establezcan claramente los derechos de sucesión.

Reclamaciones Comerciales

Las reclamaciones comerciales presentan un conjunto único de desafíos que requieren un enfoque especializado y un conocimiento profundo tanto de la ley comercial como de los procedimientos de propiedad no reclamada. Estas reclamaciones son particularmente complejas debido a la naturaleza dinámica de las entidades comerciales, que pueden haber experimentado múltiples transformaciones desde que la propiedad se volvió dormante.

Un aspecto crítico de las reclamaciones comerciales es establecer la continuidad legal entre la entidad original a la que pertenecía la propiedad y la entidad o individuo que realiza la reclamación. Esto puede involucrar rastrear una serie de fusiones, adquisiciones, reorganizaciones corporativas, o procedimientos de quiebra que pueden haber ocurrido a lo largo de los años.

Las reclamaciones que involucran negocios cerrados presentan desafíos particulares. En estos casos, es crucial determinar quién tiene la autoridad legal para realizar la reclamación: ¿el último propietario registrado? ¿los accionistas? ¿un fideicomisario de quiebra? La respuesta puede variar según la jurisdicción y las circunstancias específicas de la disolución del negocio.

Para empresas que continúan operando, el proceso puede complicarse por cambios en la gerencia o en la estructura corporativa. Los documentos necesarios pueden incluir resoluciones corporativas específicas autorizando la reclamación, además de evidencia detallada que demuestre la cadena de custodia corporativa desde el momento en que la propiedad se volvió dormante.

Propiedades de Alto Valor

Las reclamaciones de propiedades de alto valor requieren un nivel extraordinario de escrutinio y documentación, reflejando el mayor riesgo financiero asociado con estas transacciones. Estas reclamaciones a menudo atraen mayor atención por parte de las oficinas estatales y pueden estar sujetas a procedimientos de verificación adicionales diseñados para prevenir fraudes.

El umbral para lo que se considera "alto valor" varía según el estado, pero generalmente comienza en el rango de $50,000 a $100,000. Para estas reclamaciones, los estados frecuentemente implementan protocolos de verificación mejorados que pueden incluir investigaciones de antecedentes más profundas, verificaciones de crédito, y en algunos casos, entrevistas personales con los reclamantes.

La documentación requerida para estas reclamaciones debe ser impecable. Los estados pueden solicitar múltiples formas de verificación para cada aspecto de la reclamación, y cualquier discrepancia, por menor que sea, debe ser explicada y documentada exhaustivamente. Es común que se requiera que toda la documentación sea certificada notarialmente, incluso documentos que normalmente no requerirían tal certificación en reclamaciones de menor valor.

Las propiedades de alto valor también tienden a atraer mayor escrutinio de terceros, incluyendo posibles herederos competitivos o entidades comerciales con intereses en la propiedad. Como resultado, el proceso de reclamación puede volverse más adversarial, requiriendo la participación de asesores legales especializados.

Reclamaciones Disputadas

Las reclamaciones disputadas representan algunos de los casos más complejos y emocionalmente cargados en el ámbito de la propiedad no reclamada. Estas disputas pueden surgir por múltiples razones, desde desacuerdos familiares sobre derechos de herencia hasta conflictos entre entidades comerciales sobre la propiedad de activos corporativos.

El proceso de resolución de reclamaciones disputadas a menudo sigue un camino similar al de un procedimiento judicial, aunque inicialmente se maneje a nivel administrativo. Las oficinas estatales típicamente requieren que cada parte presente documentación exhaustiva respaldando su reclamación, junto con argumentos legales detallando por qué su derecho a la propiedad es superior al de otros reclamantes.

En muchos casos, las disputas pueden involucrar múltiples jurisdicciones, especialmente cuando los reclamantes residen en diferentes estados o países. Esto puede resultar en conflictos de leyes complejos que requieren la interpretación de diferentes estatutos estatales y, en algunos casos, leyes internacionales.

Las oficinas estatales generalmente intentan mediar estas disputas cuando es posible, pero en casos particularmente contenciosos o complejos, pueden requerir que las partes obtengan una resolución judicial antes de proceder con la distribución de la propiedad. Este proceso puede llevar años y requiere una inversión significativa de recursos legales y financieros.

Herederos Múltiples

El escenario de herederos múltiples presenta uno de los desafíos más intrincados en el campo de las reclamaciones de propiedad no reclamada. Esta situación se complica aún más cuando los herederos están dispersos geográficamente, tienen diferentes niveles de cooperación, o mantienen relaciones familiares tensas o inexistentes.

Un aspecto crucial en estas situaciones es determinar la proporción exacta que corresponde a cada heredero. Esto puede requerir un análisis detallado de documentos testamentarios, leyes estatales de sucesión intestada, y en algunos casos, decisiones judiciales previas que puedan afectar la distribución de los bienes.

La complejidad aumenta significativamente cuando algunos herederos han fallecido, creando así una nueva generación de herederos con derecho a una porción de la propiedad. En estos casos, es necesario establecer un árbol genealógico completo y verificable que muestre claramente la línea de sucesión y la proporción correspondiente a cada heredero vivo.

La coordinación entre múltiples herederos para completar la documentación necesaria puede ser un desafío logístico significativo. Cada heredero debe proporcionar identificación válida, prueba de su relación con el propietario original, y en muchos casos, certificación notarial de su firma en los documentos de reclamación. La situación se complica aún más cuando algunos herederos residen en el extranjero, requiriendo documentación internacional y traducciones certificadas.

Las oficinas estatales generalmente requieren un consenso completo entre todos los herederos antes de proceder con la distribución de la propiedad. Esto significa que la falta de cooperación de un solo heredero puede detener todo el proceso. En algunos casos, puede ser necesario obtener órdenes judiciales para proceder con la distribución cuando algunos herederos no pueden o no quieren participar en el proceso de reclamación.

Sección VI: Consejos y Mejores Prácticas

Prevención de Estafas

En el universo de la propiedad no reclamada, las estafas han evolucionado hasta convertirse en operaciones sofisticadas que pueden engañar incluso a los individuos más precavidos. Los estafadores han desarrollado métodos cada vez más elaborados para explotar la esperanza y el deseo natural de las personas de recuperar bienes que legítimamente les pertenecen.

Una de las tácticas más comunes y peligrosas involucra a individuos o empresas que se presentan como "localizadores de herederos" o "especialistas en recuperación de activos". Estos supuestos profesionales suelen contactar a potenciales propietarios con promesas tentadoras sobre grandes sumas de dinero o propiedades valiosas que pueden recuperar por una tarifa inicial. Es crucial entender que las oficinas estatales legítimas nunca requieren un pago por adelantado para iniciar una búsqueda o reclamación.

Los estafadores frecuentemente utilizan información parcialmente verdadera para dar credibilidad a sus engaños. Pueden mencionar nombres de agencias gubernamentales reales, citar leyes existentes, o incluso proporcionar detalles precisos sobre propiedades no reclamadas que han obtenido de bases de datos públicas. Esta mezcla de verdad y engaño hace que sus estafas sean particularmente convincentes.

Otro método común de fraude implica la suplantación de identidad de funcionarios gubernamentales. Los estafadores pueden crear correos electrónicos o documentos que parecen oficiales, utilizando logos y formatos que imitan a los de las agencias estatales legítimas. Pueden incluso establecer números de teléfono y sitios web que parecen auténticos a primera vista.

Para protegerse contra estas estafas, es esencial: 1. Nunca pagar tarifas por adelantado 2. Verificar independientemente toda la información proporcionada 3. Contactar directamente a las oficinas estatales utilizando información de contacto obtenida de fuentes oficiales 4. Mantener la confidencialidad de la información personal y financiera 5. Documentar todas las comunicaciones sospechosas

Mantenimiento de Registros

El mantenimiento meticuloso de registros constituye la columna vertebral de una reclamación exitosa de propiedad no reclamada. Un sistema de documentación bien organizado no solo facilita el proceso de reclamación inicial, sino que también proporciona una protección invaluable en caso de complicaciones o disputas futuras.

El proceso de documentación debe comenzar desde el momento en que se descubre la posibilidad de una propiedad no reclamada. Cada paso del proceso debe ser registrado con precisión, incluyendo:

La creación de un archivo digital y físico para cada reclamación es fundamental. Este archivo debe contener copias de toda la correspondencia, formularios presentados, y documentación de respaldo. Es aconsejable mantener un registro cronológico detallado de todas las interacciones con las oficinas estatales, incluyendo fechas, nombres de los funcionarios contactados, y resúmenes de las conversaciones.

Para documentos particularmente importantes, se recomienda mantener múltiples copias en diferentes formatos y ubicaciones. Los documentos originales deben ser guardados en un lugar seguro, con copias digitales almacenadas en sistemas respaldados y protegidos con contraseña.

El sistema de mantenimiento de registros debe incluir un método para rastrear plazos importantes y fechas de seguimiento. Esto puede incluir recordatorios para: - Fechas límite de presentación de documentos - Períodos de espera esperados - Fechas de seguimiento programadas - Vencimientos de certificaciones o documentos

Seguimiento de Reclamaciones

El seguimiento efectivo de reclamaciones requiere un enfoque proactivo y sistemático que va más allá de simplemente esperar actualizaciones de la oficina estatal. Un seguimiento bien ejecutado puede acelerar significativamente el proceso de reclamación y prevenir retrasos innecesarios.

La clave para un seguimiento efectivo es mantener un equilibrio entre la persistencia y la paciencia. Las oficinas estatales manejan un volumen significativo de reclamaciones, y aunque es importante mantener tu caso en movimiento, un seguimiento demasiado agresivo puede ser contraproducente.

Desarrollar una estrategia de seguimiento personalizada para cada reclamación es esencial. Esta estrategia debe tener en cuenta factores como: - La complejidad de la reclamación - El valor de la propiedad - Los requisitos específicos del estado - Los plazos típicos de procesamiento - La documentación pendiente

La comunicación con las oficinas estatales debe ser siempre profesional y constructiva. Es útil mantener un tono colaborativo y demostrar comprensión de los procesos y limitaciones del sistema, mientras se mantiene un seguimiento constante y documentado de tu caso.

Cuándo Buscar Ayuda Profesional

La decisión de buscar ayuda profesional en el proceso de reclamación de propiedad no reclamada debe basarse en una evaluación cuidadosa de varios factores. Aunque muchas reclamaciones pueden manejarse sin asistencia profesional, existen situaciones donde la experiencia de un profesional puede ser invaluable o incluso necesaria.

Los casos que típicamente requieren asistencia profesional incluyen aquellos que involucran: - Propiedades de alto valor - Múltiples jurisdicciones - Documentación internacional - Disputas entre reclamantes - Estructuras corporativas complejas - Sucesiones complicadas

Los profesionales que pueden ser útiles en el proceso de reclamación incluyen: - Abogados especializados en propiedad no reclamada - Contadores forenses - Genealogistas profesionales - Especialistas en documentación internacional - Gestores de reclamaciones experimentados

La selección del profesional adecuado es crucial. Es importante: - Verificar credenciales y referencias - Obtener estimaciones detalladas de costos - Comprender claramente los servicios incluidos - Establecer expectativas realistas sobre plazos y resultados

Recursos Adicionales

La navegación exitosa del proceso de reclamación de propiedad no reclamada a menudo requiere acceso a una variedad de recursos complementarios que pueden proporcionar información adicional, orientación y apoyo.

Las bibliotecas públicas pueden ser una fuente invaluable de recursos históricos, incluyendo: - Directorios telefónicos antiguos - Registros de propiedades - Periódicos históricos - Documentos genealógicos

Los recursos en línea han transformado la manera en que podemos investigar y documentar reclamaciones. Algunos recursos particularmente útiles incluyen: - Bases de datos genealógicas - Archivos digitalizados de periódicos - Registros de propiedad en línea - Foros de discusión especializados

Las asociaciones profesionales y grupos de apoyo pueden proporcionar: - Actualizaciones sobre cambios legales y regulatorios - Oportunidades de networking - Recursos educativos - Acceso a expertos

Las agencias gubernamentales locales y estatales pueden ofrecer: - Servicios de búsqueda de registros - Asistencia con documentación - Verificación de información - Orientación sobre procedimientos locales

La clave para utilizar estos recursos efectivamente es: - Evaluar la credibilidad de cada fuente - Verificar la información de múltiples fuentes - Mantener registros detallados de las fuentes consultadas - Actualizar regularmente la información obtenida

Sección VII: Guías Específicas por Estado

Región Noreste

La región noreste de los Estados Unidos, que incluye estados históricos como Nueva York, Massachusetts, Connecticut, y Pennsylvania, presenta algunas de las estructuras más antiguas y bien establecidas para el manejo de propiedad no reclamada en el país. Esta región se caracteriza por tener algunas de las bases de datos más extensas y sistemas más sofisticados, reflejando su larga historia de actividad comercial y financiera.

Nueva York, en particular, mantiene uno de los programas más robustos de propiedad no reclamada en la nación. La Oficina del Contralor del Estado de Nueva York administra un programa que actualmente custodia más de $17 mil millones en fondos no reclamados. El estado ha implementado un sistema único de "búsqueda avanzada" que permite a los usuarios realizar búsquedas utilizando múltiples criterios simultáneamente, incluyendo variaciones fonéticas de nombres y direcciones históricas.

Massachusetts ha desarrollado un enfoque particularmente innovador para la gestión de propiedades no reclamadas, implementando un sistema de notificación proactiva que utiliza tecnología de coincidencia de datos para identificar y contactar a posibles propietarios antes de que realicen una búsqueda. El estado también mantiene uno de los períodos de dormancia más cortos del país para ciertos tipos de propiedad, lo que significa que los activos se transfieren al estado más rápidamente que en otras jurisdicciones.

Connecticut y Rhode Island, aunque más pequeños en territorio, han desarrollado sistemas eficientes que se destacan por su accesibilidad y transparencia. Connecticut, en particular, ha implementado un sistema de seguimiento en línea que permite a los reclamantes monitorear el estado de sus solicitudes en tiempo real, una característica que otros estados están comenzando a emular.

Pennsylvania, con su rica historia industrial, mantiene una base de datos particularmente extensa de propiedades no reclamadas relacionadas con pensiones y beneficios laborales de empresas históricas. El estado ha desarrollado expertise específico en el manejo de reclamaciones relacionadas con activos industriales y mineros abandonados.

Región Sureste

La región sureste, que incluye estados como Florida, Georgia, Carolina del Norte, y Carolina del Sur, presenta desafíos únicos debido a su alta población de residentes estacionales y retirados. Esta característica demográfica ha llevado al desarrollo de procedimientos especializados para manejar reclamaciones que involucran múltiples estados de residencia.

Florida, con su gran población de jubilados y residentes temporales, ha desarrollado uno de los sistemas más adaptables para manejar reclamaciones interestatales. El Departamento de Servicios Financieros de Florida ha implementado procedimientos específicos para verificar residencias múltiples y manejar reclamaciones de propietarios que dividen su tiempo entre varios estados. El estado también ha desarrollado protocolos especiales para manejar propiedades no reclamadas pertenecientes a personas fallecidas, reconociendo la alta proporción de residentes de edad avanzada.

Georgia ha destacado en el desarrollo de sistemas automatizados para el procesamiento de reclamaciones, implementando tecnología de verificación de identidad que permite aprobar reclamaciones de menor valor con mínima intervención humana. El estado también mantiene un programa único de divulgación que se centra en comunidades rurales y áreas históricamente desatendidas.

Las Carolinas han adoptado enfoques complementarios pero distintos. Carolina del Norte se destaca por su programa de educación pública y divulgación, realizando regularmente eventos comunitarios y ferias de propiedad no reclamada. Carolina del Sur, por su parte, ha desarrollado una especialización en el manejo de propiedades no reclamadas relacionadas con propiedades agrícolas y derechos minerales.

Región Medio Oeste

La región del Medio Oeste, que incluye estados como Illinois, Michigan, Ohio, y Wisconsin, se caracteriza por tener algunos de los programas más antiguos y bien establecidos de propiedad no eclamada. Esta región ha desarrollado particular experiencia en el manejo de propiedades relacionadas con industrias manufactureras y agrícolas.

Illinois ha establecido un sistema particularmente eficiente para manejar propiedades no reclamadas relacionadas con negocios cerrados y corporaciones disueltas. El estado mantiene una base de datos especializada que vincula registros comerciales históricos con propiedades no reclamadas, facilitando la verificación de reclamaciones comerciales complejas.

Michigan ha innovado en el área de tecnología de búsqueda, implementando un sistema de coincidencia de datos que puede identificar conexiones entre diferentes registros estatales para ayudar a localizar a los propietarios legítimos. El estado también ha desarrollado procedimientos especiales para manejar propiedades no reclamadas relacionadas con la industria automotriz, un sector históricamente significativo en la región.

Ohio se destaca por su manejo de propiedades no reclamadas relacionadas con cooperativas agrícolas y empresas familiares. El estado ha desarrollado protocolos específicos para verificar la sucesión en negocios familiares y establecer la legitimidad de reclamaciones multigeneracionales.

Región Suroeste

La región suroeste, incluyendo Texas, Arizona, Nuevo México, y Oklahoma, presenta desafíos únicos debido a su extensa frontera internacional y su diversa población. Esta región ha desarrollado experiencia particular en el manejo de reclamaciones transfronterizas y documentación en múltiples idiomas.

Texas, con su gran población y economía diversificada, mantiene uno de los programas más comprehensivos de propiedad no reclamada en el país. El estado ha desarrollado procedimientos especializados para manejar reclamaciones que involucran documentación mexicana y ha implementado un sistema bilingüe completo para facilitar el proceso de reclamación para residentes hispanohablantes.

Arizona ha innovado en el manejo de propiedades no reclamadas relacionadas con derechos de agua y minerales, desarrollando expertise específica en la verificación de estos tipos de activos. El estado también ha implementado procedimientos especiales para manejar reclamaciones de residentes de comunidades nativas americanas.

Nuevo México se destaca por su enfoque culturalmente sensible al manejo de propiedades no reclamadas, reconociendo la diversidad cultural única del estado. Han desarrollado procedimientos específicos para manejar reclamaciones que involucran tierras comunales históricas y derechos de propiedad tradicionales.

Región Oeste

La región oeste, que incluye California, Oregon, Washington, y otros estados de la costa del Pacífico, se caracteriza por tener algunos de los programas más tecnológicamente avanzados de propiedad no reclamada. Esta región ha sido pionera en la implementación de sistemas digitales y procesos automatizados.

California, con la economía más grande del país, mantiene un programa de propiedad no reclamada excepcionalmente grande y sofisticado. El estado ha implementado sistemas de inteligencia artificial para ayudar en la identificación de propietarios y ha desarrollado procedimientos específicos para manejar propiedades relacionadas con la industria del entretenimiento y la tecnología.

Oregon y Washington han colaborado en el desarrollo de sistemas regionales para el manejo de propiedades no reclamadas, permitiendo búsquedas coordinadas en múltiples estados del Pacífico Noroeste. Estos estados han sido particularmente innovadores en el desarrollo de sistemas para manejar propiedades relacionadas con la industria maderera y pesquera.

Alaska y Hawái

Alaska y Hawái, como estados no contiguos, presentan desafíos únicos en el manejo de propiedades no reclamadas y han desarrollado sistemas especializados para abordar sus circunstancias particulares.

Alaska ha desarrollado expertise específica en el manejo de propiedades no reclamadas relacionadas con la industria petrolera y los pagos del Fondo Permanente de Alaska. El estado mantiene procedimientos especiales para verificar reclamaciones en comunidades remotas y ha implementado sistemas que pueden operar con conectividad limitada a Internet.

Hawái ha desarrollado procedimientos únicos para manejar propiedades no reclamadas relacionadas con tierras ancestrales y derechos de propiedad tradicionales. El estado ha implementado sistemas bilingües y ha desarrollado protocolos específicos para verificar reclamaciones que involucran genealogías hawaianas tradicionales.

Ambos estados han implementado sistemas que tienen en cuenta las zonas horarias significativamente diferentes y las limitaciones logísticas únicas que enfrentan. Han desarrollado procedimientos especiales para la verificación remota de documentos y han implementado sistemas de videoconferencia para facilitar las comunicaciones con los reclamantes que no pueden viajar fácilmente a las oficinas estatales.

Sección VIII: Apéndices

Directorio de Oficinas Estatales

El proceso de reclamación de propiedad no reclamada requiere invariablemente la interacción con las oficinas estatales correspondientes. Para facilitar este proceso crucial, presentamos un directorio completo y actualizado de todas las oficinas estatales responsables de la administración de propiedades no reclamadas en los Estados Unidos:

https://en.wikipedia.org/wiki/Category:State_auditors_and_comptrollers_of_the_United_States

Por ejemplo:

La Oficina del Contralor del Estado de Nueva York Robert Smith, Director de la División de Fondos No Reclamados 110 State Street, Albany, NY 12236 Teléfono: (800) 221-9311 Horario de atención: Lunes a viernes, 8:00 AM - 5:00 PM EST Servicios en español disponibles

Formularios Comunes

La documentación apropiada constituye el fundamento de una reclamación exitosa. En esta sección, proporcionamos una biblioteca comprehensiva de los formularios más comúnmente utilizados en el proceso de reclamación, junto con instrucciones detalladas para su cumplimentación correcta.

Formulario de Reclamación General

Este documento fundamental, requerido por todas las oficinas estatales, debe ser completado con extrema precisión. Los campos críticos incluyen, por ejemplo:

Sección A: Información del Reclamante - Nombre completo legal (exactamente como aparece en su identificación) - Número de Seguro Social (solo los últimos cuatro dígitos en algunos estados) - Dirección actual completa - Historial de direcciones anteriores - Información de contacto actualizada

Sección B: Detalles de la Propiedad - Número de identificación de la propiedad - Descripción detallada del activo - Valor estimado o reportado - Fecha de la última actividad conocida

Glosario de Términos (ejemplar, no comprehensivo)

La comprensión precisa de la terminología específica utilizada en el ámbito de la propiedad no reclamada es esencial para navegar exitosamente el proceso de reclamación. Este glosario comprehensivo proporciona definiciones claras y contextualizadas de los términos más relevantes.

Abandono Presunto Condición legal que ocurre cuando una propiedad permanece inactiva o sin reclamar durante el período de dormancia establecido por la ley estatal. Este estatus no implica que el propietario haya renunciado voluntariamente a sus derechos sobre la propiedad, sino que establece las condiciones bajo las cuales el estado puede asumir la custodia temporal de los activos.

Período de Dormancia Intervalo de tiempo específico, establecido por ley estatal, durante el cual una propiedad debe permanecer inactiva o sin contacto del propietario antes de ser considerada legalmente abandonada y elegible para transferencia a la custodia del estado. Este período varía según el tipo de propiedad y la jurisdicción.

Preguntas Frecuentes

La experiencia acumulada en el manejo de miles de casos de propiedad no reclamada ha generado un conjunto de preguntas que surgen consistentemente durante el proceso de reclamación. A continuación, proporcionamos respuestas detalladas y contextualizadas a las consultas más comunes.

P: ¿Cuánto tiempo toma típicamente procesar una reclamación estándar? R: El tiempo de procesamiento varía significativamente según varios factores críticos. Para reclamaciones simples donde toda la documentación está en orden y el valor es relativamente bajo (menos de $1,000), el proceso puede completarse en 4-6 semanas. Sin embargo, para reclamaciones más complejas o de mayor valor, el tiempo de procesamiento puede extenderse a 3-6 meses o más. Factores que pueden afectar el tiempo de procesamiento incluyen: - Complejidad de la documentación requerida - Valor de la propiedad reclamada - Volumen actual de reclamaciones en la oficina estatal - Completitud de la documentación inicial presentada - Necesidad de verificaciones adicionales

Referencias y Recursos en Línea

La investigación y reclamación exitosa de propiedad no reclamada frecuentemente requiere acceso a recursos adicionales y fuentes de información complementaria. Esta sección proporciona una guía curada de los recursos más valiosos y confiables disponibles.

Recursos Gubernamentales Oficiales

Administración Nacional de Propiedad No Reclamada (NAUPA) www.naupa.org Base de datos nacional que coordina información de múltiples estados Actualizaciones regulares sobre cambios en legislación y procedimientos Herramientas de búsqueda interestatal Recursos educativos y guías de mejores prácticas

Lista de Verificación del Proceso

Para asegurar un proceso de reclamación eficiente y exitoso, hemos desarrollado una lista de verificación comprehensiva que cubre cada paso crítico del proceso. Esta herramienta ha sido refinada a través de años de experiencia práctica y feedback de reclamantes exitosos.

Fase de Investigación Inicial

Búsqueda Preliminar □ Realizar búsqueda inicial en la base de datos estatal correspondiente □ Documentar todos los resultados potencialmente relevantes □ Verificar la información básica contra registros personales □ Identificar conexiones potenciales con otras jurisdicciones

Verificación de Elegibilidad □ Confirmar derecho legal a reclamar la propiedad □ Identificar documentación requerida para establecer propiedad □ Evaluar necesidad de asistencia profesional □ Determinar si existen otros reclamantes potenciales

Apéndice Técnico

Como complemento a las secciones anteriores, incluimos información técnica detallada sobre procedimientos especializados, formatos de documentación específicos por estado, y requisitos legales particulares que pueden ser relevantes en casos complejos.

Especificaciones de Documentación - Requisitos de certificación notarial por estado - Formatos aceptables para documentos internacionales - Procedimientos de autenticación especializados - Requisitos de traducción para documentos extranjeros

Sección IX: Herramientas Digitales

Aplicaciones Móviles Recomendadas

En la era digital actual, las aplicaciones móviles se han convertido en herramientas indispensables para la gestión eficiente de reclamaciones de propiedad no reclamada. La selección adecuada de estas herramientas puede marcar la diferencia entre un proceso fluido y uno lleno de obstáculos innecesarios.

La aplicación Missing Money Pro, desarrollada en colaboración con la Asociación Nacional de Administradores de Propiedad No Reclamada (NAUPA), representa el estándar oro en la búsqueda móvil de propiedades no reclamadas. Esta aplicación ofrece capacidades de búsqueda en tiempo real en múltiples jurisdicciones, con la ventaja adicional de poder configurar alertas personalizadas cuando nuevas propiedades coincidentes aparecen en el sistema. La interfaz intuitiva de la aplicación permite a los usuarios mantener perfiles múltiples para diferentes miembros de la familia o clientes, cada uno con su propio conjunto de parámetros de búsqueda y alertas.

Property Finder Plus se destaca por su capacidad de escaneo de documentos integrada, que resulta particularmente útil durante la fase de recopilación de documentación. La aplicación no solo puede escanear documentos utilizando la cámara del dispositivo móvil, sino que también implementa tecnología OCR (Reconocimiento Óptico de Caracteres) para extraer información relevante automáticamente y organizarla en categorías predefinidas. Esta funcionalidad resulta invaluable cuando se manejan grandes volúmenes de documentación histórica.

ClaimTracker Pro ofrece una solución integral para el seguimiento de reclamaciones múltiples. La aplicación permite a los usuarios establecer líneas de tiempo personalizadas para cada reclamación, con recordatorios automáticos para fechas importantes y plazos de presentación de documentos. Su función de sincronización en la nube asegura que toda la información esté respaldada y accesible desde múltiples dispositivos.

Calendarios de Seguimiento

La implementación de un sistema robusto de seguimiento temporal es fundamental para el éxito en la gestión de reclamaciones de propiedad no reclamada. Los calendarios digitales modernos ofrecen capacidades que van mucho más allá del simple registro de fechas, convirtiéndose en verdaderas herramientas de gestión de proyectos.

Google Calendar ha emergido como una plataforma particularmente efectiva para el seguimiento de reclamaciones, gracias a su capacidad de integración con otras herramientas digitales y su sistema de recordatorios multinivel. La creación de calendarios específicos para cada reclamación, con códigos de color distintivos, permite una visualización inmediata del estado de múltiples casos. La función de eventos recurrentes resulta especialmente útil para establecer verificaciones regulares del estado de las reclamaciones.

Microsoft Outlook, por su parte, ofrece ventajas significativas para usuarios corporativos o profesionales que manejan volúmenes grandes de reclamaciones. Su sistema de categorización y etiquetado permite organizar eventos y recordatorios según diversos criterios: jurisdicción, tipo de propiedad, valor de la reclamación, o fase del proceso. La integración con Microsoft Teams facilita la colaboración en tiempo real entre múltiples partes interesadas.

Para casos más complejos, herramientas especializadas como Trello o Asana permiten crear flujos de trabajo visuales que mapean cada etapa del proceso de reclamación. Estas plataformas permiten adjuntar documentos, establecer dependencias entre tareas, y mantener un registro detallado de todas las comunicaciones relacionadas con cada caso.

Plantillas de Cartas

La comunicación efectiva con oficinas estatales, instituciones financieras y otras partes interesadas requiere una correspondencia clara, profesional y técnicamente precisa. Las plantillas digitales bien diseñadas no solo ahorran tiempo sino que también aseguran consistencia y cumplimiento con requisitos legales y procedimentales.

Carta de Solicitud Inicial

Nuestra plantilla de solicitud inicial ha sido refinada a través de años de experiencia para maximizar la probabilidad de una respuesta positiva:

[MEMBRETE DEL REMITENTE] [FECHA]

[NOMBRE Y DIRECCIÓN DEL DESTINATARIO]

Dear [NOMBRE DEL FUNCIONARIO]:

I am writing to you regarding the unclaimed property identified under [NÚMERO DE IDENTIFICACIÓN], registered to [NOMBRE COMPLETO DEL PROPIETARIO ORIGINAL].

As [RELACIÓN CON EL PROPIETARIO ORIGINAL/ESTATUS LEGAL], I am initiating the process of claiming this property.

Carta de Seguimiento

La plantilla de seguimiento está diseñada para mantener el impulso del proceso de reclamación sin parecer excesivamente insistente:

[DETALLES DEL REMITENTE] [FECHA]

Reference: Claim Follow-Up #[NUMBER]

Original Request Date: [DATE]

Dear [NAME]: Please follow up on the claim request submitted on the date indicated above. According to my records, it has been [NUMBER] days since the initial submission...

Hojas de Cálculo para Documentación

La organización metódica de la información relacionada con reclamaciones de propiedad no reclamada requiere estructuras de datos robustas y flexibles. Las hojas de cálculo digitales, cuando se diseñan adecuadamente, proporcionan una plataforma poderosa para el seguimiento y análisis de datos relacionados con reclamaciones.

Matriz Maestra de Seguimiento

Nuestra matriz maestra, desarrollada en Microsoft Excel o Google Sheets, implementa una estructura de datos relacionales que permite el seguimiento detallado de múltiples aspectos de cada reclamación:

Pestaña 1: Registro Principal - Identificadores únicos de reclamación - Información básica del propietario - Valores y tipos de propiedad - Estados y jurisdicciones relevantes - Fechas críticas y plazos - Estado actual de la reclamación

Pestaña 2: Registro de Comunicaciones - Fecha y hora de cada interacción - Método de comunicación - Participantes - Resumen de la conversación - Acciones de seguimiento requeridas - Enlaces a documentos relevantes

Pestaña 3: Inventario de Documentos - Lista maestra de todos los documentos relacionados con la reclamación - Estados de verificación y certificación - Fechas de vencimiento para documentos temporales - Requisitos de renovación o actualización - Ubicación de archivos físicos y digitales

La hoja de cálculo incorpora fórmulas y macros automatizadas para: - Calcular plazos y fechas límite - Generar alertas automáticas para acciones pendientes - Producir resúmenes estadísticos - Facilitar la generación de reportes - Mantener un registro de auditoría completo

Cada elemento en la hoja de cálculo está vinculado a documentos fuente almacenados en la nube creando un sistema de referencia cruzada que asegura la integridad y trazabilidad de toda la información relacionada con la reclamación.

Sección X: Historias de Éxito

Casos de Estudio

El proceso de recuperación de propiedad no reclamada ha producido numerosas historias notables que ilustran tanto los desafíos como las recompensas de perseverar en la búsqueda de activos aparentemente perdidos. Estos casos de estudio no solo proporcionan inspiración, sino que también ofrecen valiosas lecciones prácticas sobre cómo navegar exitosamente el sistema.

El Caso de la Herencia Olvidada

María Rodríguez nunca imaginó que su rutinaria búsqueda de documentos familiares en el ático de su abuela la llevaría a descubrir una fortuna olvidada. Entre cartas amarillentas y fotografías antiguas, encontró certificados de acciones de una empresa petrolera de Texas, fechados en 1952. Su abuela, una inmigrante que había trabajado como costurera toda su vida, había invertido sus modestos ahorros en lo que entonces era una pequeña empresa petrolera.

La investigación inicial reveló que las acciones, tras múltiples divisiones y fusiones corporativas, se habían convertido en una cantidad significativa de acciones de una importante compañía energética actual. Sin embargo, debido a que la dirección registrada había quedado obsoleta décadas atrás, los dividendos y las notificaciones corporativas nunca habían llegado a la familia.

El proceso de reclamación se extendió por ocho meses, requiriendo una meticulosa reconstrucción del árbol genealógico familiar, la obtención de documentos de inmigración de principios del siglo XX, y la navegación de complejos requisitos de verificación corporativa. El resultado final fue la recuperación de más de $157,000 en acciones y dividendos acumulados.

La Recuperación Corporativa

El caso de Tecnologías Innovadoras S.A. demuestra cómo incluso las empresas sofisticadas pueden perder el rastro de activos valiosos. Durante una auditoría rutinaria en 2022, un contador descubrió referencias a una cuenta de depósito en garantía establecida durante una fusión corporativa en 2015. La cuenta, que contenía $89,000, había sido olvidada durante la transición post-fusión y posteriormente transferida al estado.

La recuperación requirió una cuidadosa reconstrucción de la cadena de eventos corporativos, incluyendo cambios en la estructura de la empresa, múltiples mudanzas de oficinas, y el rastreo de antiguos ejecutivos para obtener firmas necesarias. El caso ilustra la importancia de mantener registros corporativos detallados y la necesidad de procedimientos de transición rigurosos durante reorganizaciones empresariales.

Testimonios

Los testimonios de individuos y organizaciones que han navegado exitosamente el proceso de reclamación proporcionan perspectivas invaluables y esperanza para otros que emprenden búsquedas similares.

La Perspectiva del Reclamante Individual

"Cuando comencé este proceso, estaba completamente abrumado por la cantidad de documentación requerida", comparte Jorge Méndez, quien recuperó un seguro de vida olvidado de su padre fallecido. "Pero aprendí que la persistencia y la organización son clave. Establecí un sistema de archivo digital desde el principio, escaneando cada documento y manteniendo un registro detallado de cada comunicación con la oficina estatal. Después de seis meses de trabajo metódico, finalmente recibimos la notificación de aprobación. El monto recuperado, $23,500, representaba el último regalo de mi padre a nuestra familia."

La Experiencia Profesional

La Dra. Elena Martínez, especialista en recuperación de activos con 15 años de experiencia, ofrece una perspectiva única: "He visto cómo el proceso ha evolucionado con la tecnología, pero los principios fundamentales siguen siendo los mismos. La clave del éxito es la atención al detalle y la persistencia informada. Cada caso es único, pero todos requieren un enfoque sistemático y la voluntad de seguir investigando cuando los caminos obvios no producen resultados."

Lecciones Aprendidas

Las experiencias acumuladas a través de miles de casos exitosos han generado un valioso conjunto de lecciones que pueden beneficiar a futuros reclamantes.

La Importancia de la Documentación Preventiva

Una de las lecciones más significativas es la importancia de mantener registros actualizados y accesibles. Las familias que mantienen un archivo digital centralizado de documentos importantes - incluyendo pólizas de seguro, certificados de acciones, y registros bancarios - tienen una ventaja significativa cuando surge la necesidad de reclamar propiedad no reclamada.

El Valor de la Paciencia Estratégica

La experiencia ha demostrado que la prisa puede ser contraproducente en el proceso de reclamación. Los casos más exitosos son aquellos donde los reclamantes toman el tiempo necesario para recopilar y organizar toda la documentación necesaria antes de iniciar el proceso formal. Esta preparación meticulosa frecuentemente resulta en un proceso de aprobación más rápido y fluido.

La Necesidad de Flexibilidad

Cada caso presenta desafíos únicos que pueden requerir ajustes en el enfoque estándar. Los reclamantes exitosos han aprendido a ser flexibles en sus estrategias, adaptándose a los requisitos específicos de cada situación mientras mantienen su objetivo final en mente.

Estadísticas de Recuperación

Las estadísticas de recuperación proporcionan una perspectiva cuantitativa valiosa sobre el panorama de la propiedad no reclamada en los Estados Unidos.

Tendencias Nacionales

En el último año fiscal, las oficinas estatales de propiedad no reclamada procesaron más de 2 3 millones de reclamaciones, resultando en la devolución de aproximadamente $3.4 mil millones a sus legítimos propietarios. La tasa de éxito en las reclamaciones ha aumentado consistentemente, pasando de un 67% en 2019 a un 73% en 2023.

Análisis por Categoría

Las estadísticas revelan patrones interesantes en los tipos de propiedad recuperada: - Cuentas bancarias inactivas: 42% del total de reclamaciones exitosas - Dividendos y acciones no cobrados: 23% - Seguros de vida no reclamados: 15% - Contenido de cajas de seguridad: 8% - Otros tipos de propiedad: 12%

Tiempos de Procesamiento

Los datos muestran mejoras significativas en los tiempos de procesamiento: - Reclamaciones simples (menos de $1,000): promedio de 45 días - Reclamaciones de complejidad media ($1,000-$10,000): 90 días - Reclamaciones complejas (más de $10,000): 180 días - Casos que requieren investigación especial: hasta 12 meses

Estas estadísticas subrayan la importancia de la preparación adecuada y las expectativas realistas en el proceso de reclamación.

Appendice Especial: Lista de direccion de officinas estatales

Alabama

State Comptroller's Office Alabama

Department of Finance

100 North Union Street, Suite 220

Montgomery, AL 36130-2602

Alaska

Division of Finance

Department of Administration

P.O. Box 110204

Juneau, AK 99811-0204

Arizona

General Accounting Office

Department of Administration

100 North 15th Avenue, Suite 302

Phoenix, AZ 85007

Arkansas

Department of Finance and Administration Office of Accounting 1509 West 7th Street, Suite 403 Little Rock, AR 72201

California

State Controller's Office 300 Capitol Mall, Suite 1850

Sacramento, CA 95814

Colorado

Office of the State Controller Department of Personnel & Administration 1525 Sherman Street, 5th Floor

Denver, CO 80203

Connecticut

Office of the State Comptroller 165 Capitol Avenue

Hartford, CT 06106

Delaware

Office of the State Comptroller Division of Accounting 820 Silver Lake Boulevard, Suite 200
Dover, DE 19904

Florida

Department of Financial Services 200 East Gaines Street

Tallahassee, FL 32399-0350

Georgia

State Accounting Office 200 Piedmont Avenue SE, Suite 1604 West Tower

Atlanta, GA 30334-9010

Hawaii

Department of Accounting and General Services 1151 Punchbowl Street

Honolulu, HI 96813

Idaho

Office of the State Controller 700 West State Street, 4th Floor

Boise, ID 83720-0011

Illinois

Office of the Comptroller 201 State Capitol Building

Springfield, IL 62706

Indiana

State Board of Accounts 302 West Washington Street, Room E418

Indianapolis, IN 46204-2765

Iowa

Department of Administrative Services State Accounting Enterprise Hoover State Office Building 1305 E. Walnut Street

Des Moines, IA 50319

Kansas

Department of Administration Office of the Chief Financial Officer 900 SW Jackson Street, Room 451-S

Topeka, KS 66612

Kentucky

Office of the State Controller Finance and Administration Cabinet 200 Mero Street, 5th Floor
Frankfort, KY 40622

Louisiana

Division of Administration Office of the State Controller P.O. Box 94095

Baton Rouge, LA 70804-9095

Maine

Office of the State Controller 111 Sewall Street, 4th Floor

Augusta, ME 04333

Maryland

Office of the Comptroller Louis L. Goldstein Treasury Building 80 Calvert Street

Annapolis, MD 21404

Massachusetts

Office of the Comptroller One Ashburton Place, 9th Floor

Boston, MA 02108

Michigan

Office of Financial Management State Budget Office 111 S. Capitol Avenue

Lansing, MI 48933

Minnesota

Minnesota Management and Budget 658 Cedar Street

St. Paul, MN 55155

Mississippi

Department of Finance and Administration 501 North West Street Suite 1301, Woolfolk Building

Jackson, MS 39201

Missouri

Office of Administration Division of Accounting 301 West High Street, Room 270

Jefferson City, MO 65101

Montana

State Financial Services Division Department of Administration Mitchell Building, Room 255 Helena, MT 59620

Nebraska

State Accounting Division Department of Administrative Services 1526 K Street, Suite 240 Lincoln, NE 68508

Nevada

Controller's Office 101 N Carson Street, Suite 5

Carson City, NV 89701

New Hampshire

Department of Administrative Services Division of Accounting Services 25 Capitol Street, Room 310

Concord, NH 03301

New Jersey

Office of the State Comptroller P.O. Box 024

Trenton, NJ 08625-0024

New Mexico

Department of Finance and Administration Financial Control Division 407 Galisteo Street

Santa Fe, NM 87501

New York

Office of the State Comptroller 110 State Street

Albany, NY 12236

North Carolina

Office of the State Controller 3512 Bush Street

Raleigh, NC 27609

North Dakota

Office of Management and Budget Fiscal Management Division 600 East Boulevard Avenue, Dept. 110

Bismarck, ND 58505-0400

Ohio

Office of Budget and Management 30 East Broad Street, 34th Floor

Columbus, OH 43215

Oklahoma

Office of State Finance

2300 N. Lincoln Boulevard, Room 122

Oklahoma City, OK 73105

Oregon

Department of Administrative Services

State Controller's Division

155 Cottage Street NE

Salem, OR 97301

Pennsylvania

Office of the Budget Comptroller Operations

555 Walnut Street, 9th Floor

Harrisburg, PA 17101

Rhode Island

Office of Accounts and Control

One Capitol Hill

Providence, RI 02908-5890

South Carolina

Office of the Comptroller General

1200 Senate Street Wade Hampton Office Building, Room 305

Columbia, SC 29201

South Dakota

Bureau of Finance and Management

500 East Capitol Avenue

Pierre, SD 57501-5070

Tennessee

Division of Accounts

Department of Finance and Administration

312 Rosa L. Parks Avenue

Nashville, TN 37243

Texas

Comptroller of Public Accounts

P.O. Box 13528, Capitol Station

Austin, TX 78711-3528

Utah

Division of Finance

350 North State Street, Suite 180

Salt Lake City, UT 84114

Vermont

Department of Finance & Management

109 State Street, 5th Floor

Montpelier, VT 05609-0401

Virginia

Office of the State Comptroller

Department of Accounts

P.O. Box 1971

Richmond, VA 23218-1971

Washington

Office of Financial Management

P.O. Box 43113

Olympia, WA 98504-3113

West Virginia

State Auditor's Office Finance Division

1900 Kanawha Boulevard

East Charleston, WV 25305

Wisconsin

State Controller's Office

Department of Administration

101 E. Wilson Street, 5th Floor

Madison, WI 53703

Wyoming

State Auditor's Office

200 West 24th Street

Cheyenne, WY 82002

Appendice Especial: Cartas ejemplares para solicitar informacion

[Su Nombre] [Su Dirección] [Ciudad, Estado, Código Postal]

[Fecha]

Oficina del Contralor Estatal [Dirección de la Oficina] [Ciudad, Estado, Código Postal]

Estimado/a Señor/a Contralor:

Me dirijo a usted respetuosamente para solicitar su asistencia en la búsqueda de fondos no reclamados que pudieran estar bajo la custodia de su oficina. Escribo esta carta con el propósito específico de investigar si existen fondos, propiedades o activos no reclamados a nombre de la siguiente persona:

Nombre completo: [NOMBRE Y APELLIDO] Nombres anteriores o variaciones (si aplica): [OTROS NOMBRES]

Como parte de esta solicitud, me permito proporcionar la siguiente información adicional para facilitar la búsqueda:

- Número de Seguro Social: XXX-XX-[últimos 4 dígitos]
- Direcciones anteriores conocidas en su estado:
  - [Dirección anterior 1]
  - [Dirección anterior 2]
- Período de tiempo de residencia en el estado: [AÑOS]

Entiendo que su oficina mantiene registros de fondos no reclamados y actúa como custodio de estos bienes en beneficio de los residentes y ex residentes del estado. Por lo tanto, solicito respetuosamente:

1. Una búsqueda exhaustiva en su base de datos de fondos no reclamados
2. Información sobre cualquier propiedad o fondo encontrado
3. Instrucciones detalladas sobre el proceso de reclamo, en caso de identificarse fondos
4. Cualquier formulario necesario para iniciar el proceso de reclamo

Si se requiere información adicional o documentación específica para procesar esta solicitud, por favor háganmelo saber. Me comprometo a proporcionar cualquier documento adicional que sea necesario para verificar la identidad o el derecho a cualquier fondo identificado.

Para su referencia, pueden contactarme a través de los siguientes medios:

Teléfono: [SU NÚMERO] Correo electrónico: [SU EMAIL] Dirección postal: [SU DIRECCIÓN COMPLETA]

Agradezco de antemano su tiempo y asistencia en este asunto. Entiendo que el proceso puede requerir tiempo y que pueden existir pasos adicionales una vez que se identifiquen los fondos potenciales. Quedo a la espera de su respuesta y cualquier instrucción adicional que puedan proporcionar.

En caso de que se requiera alguna tarifa administrativa para este servicio, por favor infórmeme sobre el monto y los métodos de pago aceptados.

De acuerdo con las leyes de privacidad y protección de datos, autorizo a su oficina a realizar esta búsqueda y a compartir conmigo cualquier información relevante relacionada con fondos no reclamados bajo el nombre proporcionado.

Atentamente,

[Su firma]

[Su nombre completo escrito] [Su número de identificación o licencia de conducir]

Documentos adjuntos (si aplica):

- Copia de identificación oficial

- Comprobante de dirección

- Otros documentos relevantes

CC: [Si es necesario incluir copias a otras partes]

Nota: Esta solicitud se realiza de conformidad con las leyes estatales pertinentes relacionadas con fondos no reclamados y el derecho del público a solicitar información sobre propiedades abandonadas bajo custodia del estado.

◇◇◇

[Su nombre completo] [Su dirección actual] [Ciudad, Estado, y Código Postal]

[Fecha actual]

Office of the State Comptroller [Dirección de la oficina del contralor] [Ciudad y estado de la oficina]

Dear State Comptroller:

I am writing to request your assistance in searching for unclaimed funds that may be in the custody of your office. The purpose of this letter is to investigate whether there are any unclaimed funds, properties, or assets under the following name:

Full Name: [Nombre y apellido de la persona buscada] Previous Names or Variations (if applicable): [Nombres anteriores o variaciones]

To facilitate this search, I am providing the following additional information:

- Social Security Number: XXX-XX-[últimos cuatro números]
- Previous Known Addresses in your state:
  - [Primera dirección anterior]
  - [Segunda dirección anterior]
- Period of State Residency: [Años de residencia en el estado]

I understand that your office maintains records of unclaimed funds and acts as custodian of these assets for the benefit of current and former state residents. Therefore, I respectfully request:

1. A thorough search of your unclaimed funds database
2. Information regarding any properties or funds found
3. Detailed instructions about the claim process, should any funds be identified
4. Any necessary forms to initiate the claim process

My contact information for all correspondence regarding this matter is:

Phone: [Número de teléfono] Email: [Correo electrónico] Mailing Address: [Dirección postal completa]

I am prepared to provide any additional documentation necessary to verify identity or entitlement to any identified funds. If there are specific documents or forms required to process this request, please inform me.

Please note that I can be reached during the following hours: [Horario disponible]

For security verification purposes, I am providing the following additional information:

- Date of Birth: [Fecha de nacimiento]
- Mother's Maiden Name: [Apellido de soltera de la madre]
- State ID/Driver's License Number: [Número de licencia de conducir]

I understand that this process may require additional steps once potential funds are identified. I am willing to comply with all necessary procedures and provide any required documentation to facilitate this search and any subsequent claim process.

If there are any administrative fees associated with this service, please advise me of the amount and acceptable payment methods.

In accordance with privacy and data protection laws, I authorize your office to conduct this search and share any relevant information regarding unclaimed funds under the provided name.

Sincerely,

[Su firma]

[Escriba su nombre completo]

Attachments (if applicable):

- Copy of Government-issued ID [Copia de identificación oficial]
- Proof of Address [Comprobante de domicilio]
- [Otros documentos relevantes]

CC: [Nombres de otras personas que recibirán copias]

Additional Notes:

- Preferred method of contact: [Método preferido de contacto]
- Best time to reach: [Mejor horario para contactar]
- Case reference number (if already assigned): [Número de referencia previo]

Legal Declaration: I hereby declare under penalty of perjury that the information provided in this letter is true and correct to the best of my knowledge. I understand that providing false information may result in legal consequences and immediate dismissal of any claim.

[Su firma otra vez] [Fecha de firma] [Lugar de firma]

Document Checklist:

□ Completed letter

□ [Identificación con foto]

□ [Comprobante de dirección]

□ [Documentos adicionales requeridos]

□ [Formularios estatales específicos]

Su nombre completo] [Su dirección completa] [Código postal]

Date: [Fecha de hoy]

Office of Claims and Restitution [Nombre del estado] State Comptroller's Office [Dirección de la oficina]

RE: Unclaimed Property Search Request - Case Type A-1

Dear Sir or Madam:

This letter serves as a formal request to initiate a comprehensive search for any unclaimed property, funds, or assets that may be held by your office. As a [relación con el estado - ex residente/residente actual] of [nombre del estado], I am seeking to determine if there are any assets held in trust under the following identifying information

CLAIMANT IDENTIFICATION

Legal Name: [Nombre legal completo] Previous/Maiden Names: [Nombres anteriores o de soltera] Current Age: [Edad actual] Years in State: [Años en el estado]

CONTACT INFORMATION

Current Phone: [Teléfono principal] Alternate Phone: [Teléfono secundario] Email: [Correo electrónico]

HISTORICAL RESIDENCY INFORMATION

Time Period 1: [Período de tiempo] Address: [Dirección antigua 1]

Time Period 2: [Período de tiempo] Address: [Dirección antigua 2]

POTENTIAL SOURCES OF UNCLAIMED PROPERTY

□ Former Employer: [Empleador anterior] □ Closed Bank Accounts: [Bancos anteriores] □ Insurance Policies: [Compañías de seguros] □ Utility Deposits: [Empresas de servicios públicos] □ Other Sources: [Otras fuentes posibles]

REQUEST DETAILS

I am specifically requesting:

1. A detailed search of all databases maintained by your office for unclaimed property
2. Written confirmation of search results, whether positive or negative
3. If applicable, information about:
   - The nature of any found property
   - The approximate value or amount
   - The original source or holder
   - The date the property was reported to your office

VERIFICATION INFORMATION

To facilitate identity verification, I provide the following:

- Last four digits of SSN: [Últimos cuatro números del Seguro Social]
- Date of Birth: [Fecha de nacimiento]
- State ID Number: [Número de identificación estatal]

LEGAL ATTESTATION

Under penalty of perjury, I hereby certify that:

1. I am legally entitled to make this inquiry
2. The information provided is accurate and complete
3. I understand that any false statements may result in legal penalties

PREFERRED COMMUNICATION METHOD

Please respond via: □ [Método preferido de contacto] □ During hours: [Horario preferido]

AUTHORIZATION

I hereby authorize your office to:

1. Conduct a thorough search of all relevant databases
2. Share results with me through secure channels
3. Retain this request on file for future reference

If additional documentation or information is required, please contact me at your earliest convenience. I understand that processing times may vary and am prepared to provide any supplementary materials needed to facilitate this search.

Should funds be located, I request detailed instructions regarding:

1. Required claim forms
2. Documentation requirements

3. Processing timeframes
4. Any applicable fees

Respectfully submitted,

[Su firma]

[Su nombre escrito]

[Fecha de firma]

Attachments: □ [Documento de identidad] □ [Comprobante de domicilio] □ [Otros documentos adjuntos]

File Number (if known). [Número de expediente] Reference Code: [Código de referencia]

◇◇◇

TEMPLATE 1 – Estilo Directo

[Su nombre completo] [Su dirección] [Fecha]

Unclaimed Property Division State Comptroller's Office [Dirección del contralor]

Subject: Direct Request for Unclaimed Property Search

To Whom It May Concern:

I write to request a search of your unclaimed property database. I have reason to believe there may be funds or property held by your office.

Search Details:

- Name: [Nombre a buscar]
- SSN (last 4): [Últimos números]
- DOB: [Fecha de nacimiento]

Current Contact Information:

- Address: [Dirección actual]
- Phone: [Teléfono]
- Email: [Correo]

Please conduct a thorough search and advise of any findings. I am prepared to provide additional documentation as needed.

Sincerely, [Su firma]

TEMPLATE 2 – Estilo Formal y Detallado

CERTIFIED MAIL - RETURN RECEIPT REQUESTED [Número de seguimiento]

[Su nombre] [Dirección completa] [Fecha]

The Honorable [Nombre del contralor] State Comptroller [Dirección oficial]

RE: FORMAL REQUEST FOR UNCLAIMED PROPERTY INVESTIGATION Reference: UCP-[Año]-[Número de referencia]

Dear State Comptroller:

Pursuant to [Estado] State Code § [Código relevante], I hereby submit a formal request for investigation and recovery of unclaimed property potentially held under state custody. This request encompasses all categories of unclaimed property as defined by state statute.

SUBJECT OF SEARCH

Primary Name: [Nombre principal] Alternative Names: [Nombres alternativos] Period of Interest: [Período de búsqueda]

CLAIMANT INFORMATION

Current Legal Name: [Nombre legal actual] Relationship to Subject: [Relación con el sujeto] Government ID: [Identificación]

Please direct all correspondence regarding this matter to: [Información de contacto preferida]

I affirm under penalty of perjury that the information provided herein is accurate and complete.

Very truly yours, [Su firma legal completa]

TEMPLATE 3 – Estilo Ejecutivo

UNCLAIMED PROPERTY SEARCH REQUEST Date: [Fecha] Reference: UP-[Número]

FROM: [Su información]

TO: Unclaimed Property Division [Información de la oficina]

EXECUTIVE SUMMARY

Request Type: Individual Property Search Priority Level: Standard Processing Timeline: 30-day response requested

KEY INFORMATION

Search Parameters:

- Primary Name: [Nombre]
- Location: [Ubicación]
- Time Frame: [Marco temporal]

Business Justification:

- [Razón de búsqueda]
- [Documentación disponible]

Action Items:

1. Database search
2. Record verification
3. Claim procedure notification

Contact Protocol:

- Primary: [Contacto principal]
- Secondary: [Contacto secundario]

Respectfully submitted, [Su firma]

TEMPLATE 4 – Estilo Narrativo

[Fecha]

Dear Unclaimed Property Administrator,

I hope this letter finds you well. I am writing regarding a matter of potential unclaimed property that has recently come to my attention. As a [relación con el estado] of [estado], I believe there may be funds or assets held by your office that I should investigate.

My search request relates to: Name: [Nombre completo] Previous Residences: [Direcciones anteriores] Years of Interest: [Años]

My personal story with this matter involves [breve explicación]. I understand the process may require patience and additional documentation, which I am fully prepared to provide.

You can reach me at: [Detalles de contacto]

I look forward to your response and guidance on next steps.

With appreciation, [Su firma] [Su nombre]

TEMPLATE 5 – Formato Tecnico

FORM: UPR-2024 VERSION: 2.1 DATE: [Fecha]

UNCLAIMED PROPERTY INVESTIGATION REQUEST

1.0 REQUESTOR IDENTIFICATION

1.1 Legal Name: [Nombre legal] 1.2 ID Number: [Número de identificación] 1.3 Status: [Estado legal]

2.0 SEARCH PARAMETERS

2.1 Target Name(s) - Primary: [Nombre principal] - Alternate: [Nombres alternativos] 2.2 Temporal Range - Start: [Fecha inicial] - End: [Fecha final] 2.3 Geographic Scope - Primary: [Ubicación principal] - Secondary: [Ubicaciones secundarias]

3.0 CONTACT PROTOCOLS

3.1 Priority Channel: [Canal preferido] 3.2 Alternative Channel: [Canal alternativo] 3.3 Availability: [Disponibilidad]

4.0 VERIFICATION DATA

4.1 SSN (Last 4): [Últimos 4 números] 4.2 DOB: [Fecha de nacimiento] 4.3 Reference Documents: [Documentos adjuntos]

5.0 AUTHORIZATION

By submitting this request, I certify all provided information is accurate and complete.

_____

[Su firma] [Fecha de firma]

◇◇

[Su nombre] [Su dirección] [Ciudad, Estado, Código Postal]

[Fecha]

Office of the State Comptroller Unclaimed Property Division Reference: Claim #[Número de referencia anterior] [Dirección de la oficina]

Dear Claims Processing Officer:

I am writing in follow-up to my initial unclaimed funds search request submitted on [fecha de solicitud inicial] regarding potential assets held under the name [nombre a buscar]. Your office confirmed receipt of my inquiry via letter dated [fecha de confirmación] and assigned it reference number [número de referencia].

According to your correspondence, the preliminary search indicated a potential match in your database. However, I have not received any further information regarding:

1. The specific nature of the identified property

2. The estimated value range

3. The required documentation for proceeding with a formal claim

Since my initial submission, I have located additional documentation that may be pertinent to this case:

- Original bank statements from [banco] (1998-2002)

- Property tax records from [condado]

- Previous employer records from [empresa]

I respectfully request an update on the status of my case and guidance on next steps. If additional information is required, please specify exactly what documentation would be helpful in expediting this process.

For reference, my contact information remains: Phone: [teléfono] Email: [correo electrónico] Address: [dirección actual]

Thank you for your attention to this matter.

Sincerely, [Su firma] [Su nombre completo]

[Su nombre] [Información de contacto]

[Fecha]

State Comptroller's Office Unclaimed Property Division ATTN: Senior Claims Processor Re: Claim ID [número de reclamo]

Dear Claims Processing Department:

This correspondence serves as a formal follow-up to my unclaimed property inquiry initiated [fecha], for which I received preliminary confirmation on [fecha de respuesta inicial]. I am writing to request a comprehensive status update and to provide supplementary information that may assist in processing my claim.

ORIGINAL CLAIM DETAILS

- Initial Submission Date: [fecha]
- Property Owner Name: [nombre]
- Reference Number: [número]
- Initial Response Date: [fecha]

ACTIONS TAKEN SINCE INITIAL FILING

1. Submitted requested identification documents on [fecha]
2. Completed Form UCP-3A as requested on [fecha]
3. Provided additional address verification on [fecha]
4. Contacted your office via phone on [fechas de llamadas]

NEW INFORMATION TO SUPPORT CLAIM

I have recently discovered several documents that may be relevant:

1. Original safe deposit box contract from [banco]
2. Death certificate of property owner (if claiming on behalf of estate)
3. Updated proof of residence at claimed property address
4. Additional supporting affidavits from [testigos]

OUTSTANDING QUESTIONS

1. Has my claim been assigned to a specific processor?

2. What is the current stage of review?

3. Are there any documentation gaps that need to be addressed?

4. What is the estimated timeline for the next phase of review?

I understand that thorough processing takes time and appreciate your diligence. However, given that [número] days have elapsed since my initial submission, I would greatly appreciate an update on the current status and any additional steps I can take to facilitate the process.

Please direct your response to my attention at the above address or contact me at: Primary Phone: [teléfono] Alternative Phone: [teléfono alternativo] Email: [correo]

Thank you for your continued assistance with this matter.

Regards, [Su firma]

[Su nombre] [Dirección]

[Fecha]

Unclaimed Property Division State Comptroller's Office [Dirección de la oficina]

SUBJECT: Status Update Request - Claim #[número] Priority: Time Sensitive Review Requested

Dear Claims Administrator:

I am following up on my unclaimed property search initiated through your office on [fecha inicial]. This letter represents my third attempt to obtain updated information about the status of my claim.

CHRONOLOGICAL SUMMARY OF CORRESPONDENCE

1. Initial Request: [fecha]

   o Submitted via certified mail #[número]

   o Received confirmation of receipt [fecha]

2. First Follow-up: [fecha]

   o Submitted additional documents requested

   o Received acknowledgment #[número]

3. Second Follow-up: [fecha]

   o Provided supplementary verification

   o No response received to date

VERIFICATION OF CLAIM DETAILS

To facilitate your review, I confirm the following details remain accurate:

- Claimant Name: [nombre]

- SSN (Last 4): [números]

- Property ID: [número]

- Original Property Address: [dirección]

NEW DEVELOPMENTS

Since my last correspondence, several relevant developments have occurred:

1. Located original purchase documentation

2. Obtained notarized affidavit from [nombre]

3. Discovered additional property records

4. Secured supporting legal documentation

SPECIFIC REQUESTS

I respectfully request:

1. Current status of claim review

2. Estimated timeline for completion

3. Names of assigned processors

4. List of any outstanding requirements

5. Confirmation of received documentation

Please be advised that I have retained all original documentation and maintain copies of all correspondence. I remain ready to provide any additional information needed to process this claim.

PREFERRED CONTACT METHODS

In order of preference:

1. Email: [correo]

2. Phone: [teléfono]

3. Physical Mail: [dirección]

Available during: [horario]

Your attention to this matter is greatly appreciated.

Sincerely, [Su firma]

VIA CERTIFIED MAIL RETURN RECEIPT REQUESTED #[número de seguimiento]

[Fecha]

State Comptroller Unclaimed Property Division [Dirección]

Re: Outstanding Claim #[número de reclamo] Property Owner: [nombre del propietario] Date of Initial Filing: [fecha] Property ID: [número de propiedad]

Dear Sir/Madam:

NOTICE OF INQUIRY AND REQUEST FOR STATUS UPDATE

Please be advised that this office represents [nombre del cliente] regarding the above-referenced unclaimed property claim. This correspondence serves as a formal request for status update pursuant to State Administrative Code §[número de código].

BACKGROUND

Our client initiated a claim for unclaimed property on [fecha] after receiving notice of potential matched funds through your office's database. Initial documentation was submitted in accordance with departmental requirements, and preliminary approval was received on [fecha].

CURRENT STATUS

Despite multiple attempts to obtain updated information, the current status of this claim remains unclear. Specifically:

1. No response received to inquiry dated [fecha]

2. Phone messages left on [fechas] remain unreturned

3. Online status check system shows "Pending Review" for [número] days

DOCUMENTATION SUMMARY

For your reference, the following documents have been submitted:

1. Proof of Identity • Government-issued photo ID • Social Security verification • Current utility bills

2. Proof of Entitlement • Original property records • Tax documents • Succession documentation

3. Supporting Evidence • Affidavits from [nombres] • Historical records • Corporate documentation

REQUEST FOR ACTION

We hereby request:

1. Immediate review of claim status

2. Written confirmation of receipt of all submitted documents

3. Detailed explanation of any outstanding requirements

4. Estimated timeline for claim resolution

5. Direct contact information for assigned processor

Should additional information be required, please advise immediately. All future correspondence should be directed to:

[Su nombre] [Dirección] [Información de contacto]

Thank you for your prompt attention to this matter.

Very truly yours, [Su firma]

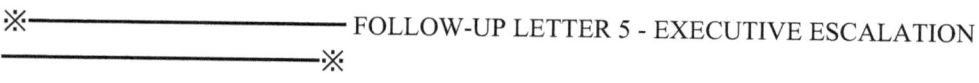

[Su nombre] [Dirección completa]

[Fecha]

ATTENTION: Director of Unclaimed Property Division Office of the State Comptroller [Dirección]

URGENT: Executive Review Request Re: Claim #[número] - [fecha inicial]

Dear Director:

I am writing to request executive review of my unclaimed property claim, which has now been pending for [número] days without substantial progress. Despite multiple attempts to work through standard channels, I have been unable to obtain clear status updates or direction regarding my claim.

CLAIM TIMELINE

- Initial Filing: [fecha]
- First Response: [fecha]
- Document Submissions: [fechas]
- Follow-up Attempts: [fechas]
- Current Status: Pending

COMMUNICATION HISTORY

1. Written Correspondence • Original Claim: [fecha] • Follow-up Letters: [fechas] • Department Responses: [fechas]

2. Telephone Contact • Calls Made: [fechas y horas] • Reference Numbers: [números] • Agent Names: [nombres]

3. Electronic Communication • Emails Sent: [fechas] • Online System Updates: [fechas] • Portal Messages: [fechas]

ISSUES REQUIRING ATTENTION

1. Extended Processing Time • Exceeds standard processing period • No explanation for delays • Lack of status updates

2. Communication Gaps • Unanswered correspondence • Incomplete information provided • Inconsistent guidance received

3. Documentation Concerns • Uncertainty about receipt • Conflicting requirements • Missing confirmation numbers

REQUEST FOR RESOLUTION

I respectfully request:

1. Executive review of claim status

2. Assignment of senior processor

3. Comprehensive file audit

4. Written explanation of delays

5. Firm timeline for resolution

CONTACT AUTHORIZATION

I authorize communication through:

- Direct Line: [teléfono]

- Email: [correo]

- Mailing Address: [dirección]

Available: [horario]

I appreciate your attention to this matter and look forward to a prompt response.

Respectfully submitted,

[Su firma] [Su nombre completo] [Título si aplica]

Attachments:

- Previous Correspondence Log

- Document Submission Record

- Communication Timeline

- Supporting Affidavits

[Su nombre] [Su dirección] [Ciudad, Estado, Código Postal]

[Fecha]

Unclaimed Property Division Office of the State Comptroller Reference: Claim #[Número de reclamo] [Dirección de la oficina]

RE: Supplementary Documentation for Estate Claim Property Owner: [Nombre del difunto] Date of Death: [Fecha] Estate Number: [Número]

Dear Claims Processing Officer:

In response to your letter dated [fecha de solicitud], I am submitting comprehensive documentation to support my claim as heir to the unclaimed property of [nombre del difunto]. This package contains all requested materials plus additional supporting evidence to establish my right of claim.

DOCUMENTATION CHECKLIST

1. Death Certificate • Certified copy enclosed • Date of death verification • County of death: [condado] • Certificate number: [número]
2. Proof of Executorship • Letters Testamentary dated [fecha] • Court appointment documentation • Estate Tax ID: [número] • Probate case number: [número]
3. Will Documentation • Certified copy of Last Will and Testament • Date of execution: [fecha] • Witness affidavits • Probate court validation
4. Heir Relationship Verification • Birth certificates showing lineage • Marriage certificates (if applicable) • Legal name change documentation • Family tree documentation
5. Estate Administration Documents • Inventory of estate assets • Notice to creditors • Estate accounting • Distribution schedule
6. Additional Supporting Materials • Family photographs • Correspondence with deceased • Historical residency records • Joint account statements

HEIR VERIFICATION DETAILS

I have included the following to establish my relationship as [relación]:

1. Personal Identification • Government photo ID • Social Security card • Current utility bills • Proof of residence
2. Relationship Documentation • Birth records • Baptismal certificates • School records • Family Bible records
3. Historical Records • Family correspondence • Holiday cards • Dated photographs • Insurance beneficiary designations

ESTATE STATUS VERIFICATION

The estate's current status is as follows:

1. Probate Status • Date opened: [fecha] • Current stage: [etapa] • Expected closing: [fecha]
2. Tax Compliance • Estate tax return filed: [fecha] • IRS closing letter received: [fecha] • State tax clearance: [fecha]

Please note that I have retained copies of all submitted documents. If additional documentation is required, I can provide:

- Funeral home records
- Cemetery plot documentation
- Medical records (if relevant)
- Additional family affidavits

CONTACT INFORMATION

Primary Contact: [Su nombre] Phone: [teléfono] Email: [correo electrónico] Best Time to Call: [horario]

Alternative Contact: [nombre del contacto alternativo] Relationship: [relación] Phone: [teléfono]

Should you require clarification or additional documentation, please don't hesitate to contact me.

Sincerely, [Su firma] [Su nombre completo] [Título legal si aplica]

Enclosures: [Lista de documentos adjuntos] CC: [Copias a otras partes]

[Su nombre] [Su cargo en la empresa] [Dirección actual]

[Fecha]

State Comptroller's Office Unclaimed Property Division ATTN: Business Claims Department Claim Reference: [Número]

RE: Supplementary Documentation for Dissolved Business Claim Business Name: [Nombre de la empresa] EIN: [Número de identificación fiscal] Date of Dissolution: [Fecha]

Dear Claims Processing Department:

I am writing to provide comprehensive supplementary documentation regarding the unclaimed property claim for [nombre de la empresa], a dissolved business entity. As the former [cargo] of the company, I am authorized to pursue this claim.

BUSINESS DOCUMENTATION

1. Formation Documents • Articles of Incorporation/Organization • Initial business license • EIN assignment letter • Operating agreement/Bylaws
2. Dissolution Documentation • Certificate of Dissolution • Final tax return • Closing statements • Asset distribution plan
3. Corporate Records • Board resolutions • Shareholder minutes • Stock certificates • Corporate seal

FINANCIAL DOCUMENTATION

1. Banking Records • Final bank statements • Account closing documents • Signature cards • Check signing authority
2. Tax Records • Final federal returns • State tax clearance • Sales tax permits • Property tax records
3. Financial Statements • Final balance sheet • Income statements • Cash flow statements • Audit reports

AUTHORIZATION DOCUMENTATION

1. Corporate Authority • Board resolution authorizing claim • Power of attorney • Corporate officer list • Signature authorizations

2. Personal Authority • Position verification • Employment records • Corporate ID • Business cards

ADDITIONAL SUPPORTING DOCUMENTS

1. Business Operations • Lease agreements • Vendor contracts • Employee records • Insurance policies
2. Historical Records • Annual reports • Business licenses • Correspondence • Marketing materials

DISSOLUTION PROCESS VERIFICATION

1. Legal Requirements • Notice to creditors published • Final tax clearance obtained • Asset distribution completed • Court approvals received
2. Corporate Wind-Down • Employee termination records • Vendor settlement documentation • Property disposition records • Final meeting minutes

CLAIM VERIFICATION

1. Property Origin • Original source documentation • Transaction records • Account statements • Corporate records
2. Ownership Validation • Corporate structure documents • Shareholder records • Partnership agreements • Operating agreements

CONTACT INFORMATION

Primary Contact Name: [Su nombre] Title: [Su cargo] Phone: [teléfono] Email: [correo]

Secondary Contact Name: [Nombre del contacto secundario] Title: [Cargo] Phone: [teléfono]

Legal Representative Firm: [Nombre del bufete] Attorney: [Nombre del abogado] Phone: [teléfono]

I certify under penalty of perjury that the information provided is true and correct to the best of my knowledge.

Respectfully submitted, [Su firma] [Su nombre] [Título]

[Su nombre] [Dirección actual]

[Fecha]

Unclaimed Property Division State Comptroller's Office [Dirección]

RE: Address History Documentation Claim Number: [Número de reclamo] Property Owner: [Nombre del propietario] Period Covered: [Rango de fechas]

Dear Claims Examiner:

In response to your request for comprehensive address history documentation, I am providing detailed evidence of all residences during the period in question. This information supports my claim to the unclaimed property under consideration.

CHRONOLOGICAL ADDRESS HISTORY

1. Current Address ([Fechas]) [Dirección completa] Supporting Documentation: • Current driver's license • Property tax statements • Utility bills • Mortgage statements
2. Previous Address A ([Fechas]) [Dirección completa] Supporting Documentation: • Lease agreement • Tax returns • School records • Employment records
3. Previous Address B ([Fechas]) [Dirección completa] Supporting Documentation: • Purchase agreement • Insurance policies • Voter registration • Medical records

DOCUMENTATION BY CATEGORY

1. Government Records • Driver's licenses (all addresses) • Voter registration history • Tax returns (federal and state) • Social Security statements
2. Financial Records • Bank statements • Credit card statements • Investment accounts • Loan documents
3. Employment History • W-2 forms • Pay stubs • Employment contracts • Business correspondence
4. Educational Records • School enrollment documents • Transcripts • Student ID cards • Alumni correspondence
5. Utility Services • Electric bills • Water/sewer statements • Gas service • Telephone/cable bills
6. Property Records • Deeds • Mortgages • Property tax statements • Insurance policies
7. Personal Records • Medical bills • Religious institution records • Club memberships • Magazine subscriptions

VERIFICATION METHODS

For each address, I have provided multiple forms of verification:

1. Primary Documentation • Government-issued ID • Property records • Tax documents • Utility bills
2. Secondary Documentation • Personal correspondence • Magazine subscriptions • Online purchase records • Social media history
3. Supporting Affidavits • Neighbors • Landlords • Employers • Family members

TIMELINE CORRELATION

I have prepared a timeline showing the relationship between:

- Address changes
- Employment history
- Property ownership
- Family events

This timeline demonstrates the consistency and accuracy of the provided information.

ADDITIONAL SUPPORTING EVIDENCE

1. Historical Context • Local newspaper clippings • Community involvement • Business directories • Phone books
2. Digital Footprint • Email records • Online accounts • Social media profiles • Website registrations

CONTACT INFORMATION

Current Contact Details: Phone: [teléfono] Email: [correo] Best Time: [horario]

Alternative Contact: Name: [nombre] Relationship: [relación] Phone: [teléfono]

I certify that all provided information is accurate and complete. Please contact me if additional documentation or clarification is needed.

Sincerely, [Su firma] [Su nombre completo]

Attachments: [Lista de documentos]

[Su nombre actual] [Dirección]

[Fecha]

Unclaimed Property Division State Comptroller's Office Claim #: [Número de reclamo] [Dirección de la oficina]

RE: Legal Name Change Documentation Previous Name(s): [Nombres anteriores] Current Legal Name: [Nombre actual]

Dear Claims Examiner:

I am writing to provide comprehensive documentation regarding the legal name changes relevant to my unclaimed property claim. This submission includes official documentation for all name variations from [año] to present.

CHRONOLOGICAL NAME HISTORY

1. Birth Name ([Fechas de uso]) • [Nombre de nacimiento] • Birth certificate enclosed • Social Security card (original name) • Early school records
2. First Marriage Name Change ([Fecha]) • [Nombre después del matrimonio] • Marriage certificate • Social Security card update • Name change announcement
3. Divorce Name Restoration ([Fecha]) • [Nombre restaurado] • Divorce decree • Court order for name change • Updated identification
4. Current Legal Name ([Fecha del cambio]) • [Nombre actual] • Legal name change petition • Court order • Updated documents

LEGAL DOCUMENTATION

1. Court Records • Name change petitions • Court orders • Judge's decrees • Filing receipts
2. Government Documentation • Social Security cards (all names) • Passport history • Driver's license updates • Military records (if applicable)
3. Civil Records • Marriage certificates • Divorce decrees • Adoption papers (if applicable) • Legal notices

SUPPORTING DOCUMENTATION

1. Financial Records • Bank account name changes • Credit card updates • Investment account modifications • Loan documents
2. Professional Records • Employment records • Professional licenses • Business registrations • Academic credentials

3. Personal Records • Medical records • Insurance policies • Utility accounts • Property deeds

IDENTITY VERIFICATION

1. Current Valid ID • Driver's License • Passport • State ID • Military ID
2. Historical ID Documents • Expired IDs showing name progression • School IDs • Employee badges • Membership cards
3. Additional Verification • Newspaper announcements • Professional publications • Directory listings • Social media transitions

TIMELINE OF CHANGES

[Detailed timeline showing each name change event and corresponding documentation]

CERTIFICATION

I hereby certify that all names listed represent the same individual (myself) and that all changes were made through legal means. Each change is supported by appropriate court orders or civil documentation.

CONTACT INFORMATION

Current Name: [Nombre actual] Phone: [teléfono] Email: [correo] Address: [dirección]

Legal Representative (if applicable): [Información del abogado]

Sincerely, [Su firma] [Su nombre actual] [Nombres anteriores en paréntesis]

※——————————— LETTER 5 - CORPORATE MERGER DOCUMENTATION ———————————※

[Su nombre] [Cargo corporativo] [Dirección de la empresa]

[Fecha]

State Comptroller's Office Unclaimed Property Division Corporate Claims Section Reference: [Número de reclamo]

RE: Corporate Merger Documentation - Unclaimed Property Claim Original Company: [Nombre de la empresa original] Successor Company: [Nombre de la empresa actual] Merger Date: [Fecha de fusión]

Dear Claims Administrator:

I am submitting comprehensive documentation regarding the corporate merger history relevant to our unclaimed property claim. This documentation establishes the clear line of succession from [empresa original] to [empresa actual].

MERGER DOCUMENTATION

1. Pre-Merger Corporate Status Original Company: • Articles of Incorporation • Corporate bylaws • Stock certificates • SEC filings Acquiring Company: • Formation documents • Operating history • Financial statements • Corporate structure
2. Merger Transaction Documents • Merger agreement • Board resolutions • Shareholder approvals • Regulatory filings
3. Post-Merger Integration • Certificate of merger • Updated registrations • Asset transfer documents • Employee transitions

CORPORATE HISTORY

1. Original Company Timeline • Formation date • Operational history • Financial records • Corporate filings
2. Merger Process • Negotiation documentation • Due diligence reports • Integration plans • Closing documents
3. Successor Company Status • Current registration • Operating authority • Business licenses • Tax status

LEGAL DOCUMENTATION

1. State Filings • Secretary of State registrations • Assumed name certificates • Tax clearance certificates • Business permits
2. Federal Documentation • IRS notifications • EIN transfers/updates • SEC filings (if applicable) • Federal contract updates
3. Court Records • Merger approvals • Legal notices • Creditor notifications • Settlement documents

FINANCIAL VERIFICATION

1. Asset Transfer Documentation • Balance sheets • Account transfers • Property titles • Investment portfolios
2. Liability Assumptions • Debt transfers • Contract assumptions • Lease assignments • Employee obligations
3. Tax Documentation • Final returns • Transfer documents • Consolidated filings • State tax certificates

OPERATIONAL CONTINUITY

1. Business Operations • Location transitions • Employee transfers • Customer notifications • Vendor updates
2. Corporate Records • Minutes of meetings • Executive decisions • Integration reports • Progress updates

CERTIFICATION AND VERIFICATION

As [cargo], I certify that:

1. All merger documentation is complete
2. Legal succession is properly established
3. Corporate authority is maintained
4. Asset rights are properly transferred

CONTACT HIERARCHY

Primary Corporate Contact: [Su información]

Legal Department: [Información legal]

Corporate Secretary: [Información del secretario]

Documentation Department: [Información del departamento]

Respectfully submitted, [Su firma] [Su nombre y cargo] [Sello corporativo]

❧——————— LETTER 6 - TRUST BENEFICIARY CLAIMS
——————————❧

[Su nombre] [Dirección]

[Fecha]

Unclaimed Property Division Trust Claims Section [Dirección de la oficina]

RE: Trust Beneficiary Documentation Trust Name: [Nombre del fideicomiso] Trust Date: [Fecha de creación] Trustee: [Nombre del fideicomisario] Claim #: [Número de reclamo]

Dear Trust Claims Examiner:

I am providing comprehensive documentation to support my claim as beneficiary of the [nombre del fideicomiso]. This submission includes all required trust documentation and beneficiary verification materials.

TRUST DOCUMENTATION

1. Trust Formation • Trust instrument • Amendments and restatements • Trust registration • Tax ID assignment
2. Trustee Documentation • Trustee appointments • Successor trustee provisions • Trustee powers • Delegation authority
3. Beneficiary Designation • Original designation • Modification documents • Contingent beneficiaries • Distribution provisions

BENEFICIARY VERIFICATION

1. Personal Identification • Government ID • Birth certificate • Social Security card • Current address proof
2. Relationship Documentation • Family records • Adoption papers (if applicable) • Marriage certificates • Name change documents
3. Trust Relationship • Beneficiary designation • Distribution schedule • Communications from trustee • Account statements

TRUST OPERATION HISTORY

1. Administrative Records • Trust accounts • Investment decisions • Distribution history • Tax returns
2. Trustee Actions • Annual accountings • Investment reports • Beneficiary communications • Administrative decisions
3. Asset Documentation • Property records • Account statements • Investment portfolios • Valuation reports

LEGAL COMPLIANCE

1. Regulatory Compliance • State registration • Tax compliance • Required notices • Annual reports
2. Fiduciary Requirements • Trustee duties • Investment standards • Distribution requirements • Accounting obligations
3. Beneficiary Rights • Notice requirements • Information access • Distribution rights • Modification powers

SUPPORTING DOCUMENTATION

1. Financial Records • Trust accounts • Distribution records • Tax documents • Investment statements
2. Communication History • Trustee correspondence • Beneficiary notices • Legal notifications • Administrative updates
3. Additional Verification • Family records • Historical documents • Related trusts • Estate planning documents

CERTIFICATION

I certify under penalty of perjury that:

1. I am a rightful beneficiary
2. All documents are authentic
3. Information is complete and accurate
4. I have legal right to claim

CONTACT INFORMATION

Beneficiary: [Su información completa]

Trustee: [Información del fideicomisario]

Legal Counsel: [Información del abogado]

Financial Advisor: [Información del asesor]

Sincerely, [Su firma] [Su nombre]

§————————— LETTER 7 - JOINT ACCOUNT CLAIMS ————————————§

[Su nombre] [Dirección]

[Fecha]

Unclaimed Property Division Financial Accounts Section [Dirección de la oficina]

RE: Joint Account Claim Documentation Account Type: [Tipo de cuenta] Institution: [Nombre del banco] Account Number: XX-XXXX[últimos dígitos] Joint Holders: [Nombres de los titulares]

Dear Claims Examiner:

I am submitting comprehensive documentation to support my claim as joint account holder for the referenced account. This package includes verification of joint ownership and current claim authority.

ACCOUNT DOCUMENTATION

1. Account Formation • Original application • Signature cards • Joint holder agreements • Account terms

2. Account History • Statements • Transaction records • Balance certificates • Interest reports
3. Ownership Structure • Joint tenancy agreement • Survivorship rights • Access authorities • Beneficiary designations

JOINT HOLDER VERIFICATION

1. Primary Account Holder • Identification • Address history • Signature verification • Contact information
2. Secondary Holder(s) • Legal identification • Relationship documentation • Access authorization • Current status
3. Authorization Documents • Power of attorney • Death certificates (if applicable) • Court orders • Legal declarations

FINANCIAL INSTITUTION RECORDS

1. Bank Documentation • Account opening records • Customer profiles • Service agreements • Branch records
2. Transaction History • Account statements • Deposit records • Withdrawal history • Check images
3. Communication Records • Bank correspondence • Notice mailings • Statement delivery • Account alerts

SUPPORTING DOCUMENTATION

1. Identity Verification • Government ID • Address proof • Signature samples • Relationship evidence
2. Financial Records • Tax documents • Related accounts • Credit history • Payment records
3. Legal Documents • Court orders • Estate documents • Power of attorney • Trust agreements

CLAIM VERIFICATION

I certify that:

1. Joint account relationship is valid
2. Documentation is complete
3. Claim authority is current
4. Information is accurate

CONTACT INFORMATION

Primary Contact: [Su información]

Joint Holder: [Información del otro titular]

Legal Representative: [Información legal]

Financial Institution: [Información bancaria]

Sincerely, [Su firma] [Su nombre]